DER WALD IN UNS

NACHHALTIGKEIT KOMMUNIZIEREN

DAS BUCH ZUM PROJEKT
VON ELISABETH M. MARS
UND MARKUS HIRSCHMANN

INHALT

4
EINLEITUNG
Elisabeth Marie Mars, Markus Hirschmann

6
VORWORT
Hermann Graf Hatzfeldt

12
DER WALD IN UNS
NACHHALTIGKEIT KOMMUNIZIEREN
Elisabeth Marie Mars

22
VON DER KULTUR DER WILDNIS
Hubert Weinzierl

30
VERBUNDEN SEIN
Wolfgang Peham

38
WERKSTÄTTEN FÜR
KREATIVES SCHREIBEN
Elisabeth Marie Mars

40
KUMBA – Bettina Kieck

42
DER WALD IN MIR – Sandra Naumann

44
BRIEF AN EINEN BAUM – Richard Harnisch

46
DRINNEN – Elisabeth Marie Mars

47
DIE KAMERA IM KOPF – Pamela Jäger,
Elisabeth Marie Mars, Sandra Naumann

50
DIE TIEFE DES WALDES
IN SICH ENTDECKEN
Daniela lütke Jüdefeld

54
STILLE SEHNSUCHT
Weihbischof em. Friedrich Ostermann

58
REGENWALDSCHUTZ
Dr. Rainer Putz

66
WALDMENSCHEN – Noemi Weber

67
DIE GRÜNEN STÄDTE – Noemi Weber

68
FOTOGESCHICHTE – Ruth Scharnowski

72
WALDPROJEKT – Hannah Kolling

74
FREIHEIT – Ruth Scharnowski

75
METAMORPHOSE – Nina Becker

78
HIER UNTEN IST AUCH WAS LOS
Eva Horstmann

79
DIE WELT DREHT SICH OHNE DICH
Luisa Pelz

80
WALDMEER – Veroníka Naydyónova

81
GNOM IM KOPF – Jana Schneider

82
BAUM UND MENSCH
Markus Hirschmann

94
WALD ALS ERFAHRUNG –
PHÄNOMENOLOGISCHE
ANNÄHERUNGEN
Dr. Wernher P. Sachon

112
MEDIENWORKSHOPS &
UMWELTKOMMUNIKATION
Herbert Dohlen

116
5-WORT-GESCHICHTE – Dr. Karin Gundel

117
IM NAHEN DIE FERNE – Helga Fraysse

120
DIE KAMERA IM KOPF –
Helga Fraysse, Bernd Kühn

122
WALDSPAZIERGÄNGE – Bernd Kühn

126
DIE AUTORINNEN UND AUTOREN

128
IMPRESSUM

Elisabeth Marie Mars und **Markus Hirschmann**

DER WALD IN UNS

NACHHALTIGKEIT KOMMUNIZIEREN

Der Wald in uns: das meint unsere Beziehung zur Natur und es meint auch: wie lernen wir? Der Wald in uns: Das sind solche Fragen: Wie soll die Welt aussehen, in der wir in Zukunft leben und arbeiten können? Wie sieht Wachstum aus, das die Ressourcen auch für die nächste Generation schont? Was muss getan werden, um globale Partnerschaft verständlich zu machen? Welche Werte halten die Gesellschaft zusammen?

Wir haben mit verschiedenen Methoden und Vermittlungsformen im Wald und über den Wald gearbeitet – und ebenso über uns. Denn die Natur verkörpert, was auch wir sind: sie ist der Spiegel unserer geistigen Konzepte. Und die interessierten uns auch, weil wir bei ihnen eine orientierende Funktion für unser Handeln und für die Zukunft vermuten.

In zwei regionalen Netz-Werken um Göttingen und in Münster haben wir durch Medienworkshops, Werkstätten für Kreatives Schreiben, Methodentrainings und Sinnesschulungen gemeinsam dieses Buch, mehrere Video-Film-Spots und verschiedene künstlerische Arbeiten (auch als Land-Art und als Ausstellung) produziert.

Neue Formen des Dialogs zwischen jüngeren und älteren Menschen fanden im stadtnahen Wald und Erzähl-Café statt – und ebenso bei der Baumpflanzaktion *„Generationen pflanzen für die Zukunft"*, womit wir die weltweite *„plant for the planet – the billion tree campaign"* unterstützen.

Bewusst finden Sie in diesem Buch Sachbeiträge, literarische Fundstücke, viele Fotos und die filmischen Ergebnisse. Wie bei der konkreten Projektarbeit, so möchten wir auch am Schluss ein möglichst sinnenreiches Ergebnis präsentieren.

Wir wünschen Ihnen Lese-Vergnügen!
Sie können dieses Buch auch gerne mit in den Wald nehmen …

Hermann Graf Hatzfeldt

VORWORT

Als ich vor 35 Jahren den Forstbetrieb der Familie übernahm, kannte ich den Wald vor der Haustür. Von dem Wald in mir hatte ich keine Ahnung. Das sollte sich ändern.

Seit Beginn des 19. Jahrhunderts ist der frühere Buchen / Eichen Mischwald in den Typus Fichtenforst umgewandelt worden, wie er heute das Landschaftsbild in Mitteldeutschland prägt: gleichaltrige Fichten in Reih und Glied, genutzt durch großflächigen Kahlschlag (oder Stürme) und als Monokultur neu aufgeforstet, mit einzelnen, von Wild zerbissenen Laubbäumen durchsetzt. In den letzten 20 Jahren hat sich das Waldbild jedoch so grundlegend verändert, dass meine Erblasser – lebten sie noch – ihren Augen nicht trauen würden. Was ist geschehen?

Zwei Entwicklungen treffen zusammen. Auf den ersten Blick springen die verheerenden Folgen von „Kalamitäten" ins Auge: Schneebruch, Sturmwurf, Trocknis und Luftschadstoffe haben aufgerissene Bestände, schüttere Kronen und riesige Freiflächen hinterlassen. Seit der Begegnung mit Wiebke, Lothar und Kyrill ist der Kindertraum vom dunkel rauschenden Altersklassenwald ausgeträumt. Das Erwachen war auch für mich mehr als ernüchternd.

Auf den zweiten Blick jedoch sind bereits hoffnungsvolle Ansätze einer neuen Art der Waldbehandlung zu sehen: auf den Freiflächen wird natürliche Sukzession zugelassen, der Zaunschutz gegen Wildverbiss ist abgebaut, die aufgelichteten Bestände sind mit jungen Buchen unterbaut, die ganze Fläche beherbergt nun eine vielfältige, artenreiche Mischung von Bäumen und Begleitvegetation. Forst wird wieder zu Wald.

Wir Waldleute nennen diese ökologische Neuorientierung „naturgemäße Waldwirtschaft". Im krassen Unterschied zur industriellen Forstwirtschaft, die den Wald als eine Art Holzfabrik begreift, ist ihr Leitbild „Naturnähe". Wie der Name schon sagt, zielt das Verfahren auf eine Annäherung an eine natürliche Entwicklung, wie sie ohne massive menschliche Eingriffe zustande käme. Das Ziel ist jedoch nach wie vor Wirtschaften: weder die Rückkehr zum Urwald, noch Naturbeherrschung, sondern ein kluges Haushalten im Einklang mit der Natur – Schutz, Pflege und Nutzung in einem.

Was habe ich in diesen 35 Jahren des Umbruchs erfahren und gelernt?

Lektion 1: Der Wald ist kein Holzacker

Wald muss anders gesehen werden als mir beigebracht wurde – nicht als eine Ansammlung von Bäumen zum Zweck der Holzproduktion, sondern als ein dauerhaftes, komplexes, dynamisches Ökosystem, das elastisch auf chaotische Störungen reagiert und im Lauf seiner Evolution einen hohen Grad an Funktionstüchtigkeit erworben hat. Es ist erstaunlich und Ehrfurcht gebietend, wie dieses System sich selber organisiert, immer wieder reguliert und ständig erneuert. Empathie mit dem Wald, als lebendiger Organismus, lässt ihn wie eine andere Art Wirtschaftsmacht erscheinen, deren geheime Listen gleichsam abgelauscht werden können, um sie zu imitieren, zu kopieren und sich nutzbar zu machen. Aber dafür muss man sich abgewöhnen, den Wald als eine verfügbare Naturressource zu begreifen, die wir Menschen nach eigenem Ermessen und Maßstäben aufbauen, gestalten und ausnutzen können, dürfen oder gar sollen.

Lektion 2: Ökologische Waldwirtschaft ist ökonomisch

Die naturgemäße Waldwirtschaft ist ein klassisches Beispiel dafür, dass es sich lohnt, mit der Natur zusammen zu arbeiten anstatt gegen sie. Wenn die in Wald-Ökosystemen ablaufenden natürlichen Prozesse vorsichtig gesteuert und genutzt werden, können menschliche Eingriffe auf das absolut Notwendige reduziert werden. Damit entfällt in der naturgemäßen Waldwirtschaft ein großer Teil der finanziellen, personellen und materiellen Aufwendungen, die bei konventioneller naturferner Bewirtschaftung früher nötig waren. Da das Betriebsziel jetzt dicke, wertvolle Einzelbäume sind, die je nach Marktlage und Bedarf eingeschlagen und vermarktet werden können, verbessert sich langfristig die Ertragssituation. Zugleich sinkt das Betriebsrisiko: naturnah bewirtschafteter Mischwald ist nachweislich stabiler und elastischer gegenüber „Kalamitäten" als traditionelle Einheitsforsten. Unökologisch zu wirtschaften ist teuer und riskant. Hätte ich nicht rechtzeitig umgesteuert, wäre mein Forstbetrieb heute wahrscheinlich am Ende.

Lektion 3: Wir müssen neu denken

Die ökologische Neuorientierung setzt einen grundlegenden Wandel im menschlichen Naturverständnis und darum auch Selbstverständnis voraus. Die Umstellung in der Waldwirtschaft ist ohne eine Umstellung in den Köpfen nicht möglich. Sie braucht ihre Zeit. Erst habe ich als Eigentümer umdenken müssen, dann mussten die Revierleiter davon überzeugt werden, überkommene Denk- und Verhaltensmuster aufgeben, schließlich muss die

Umsetzung schrittweise erprobt und verbessert werden. Das alles hat nicht nur den Wald verändert, sondern auch uns. Offenbar hängt der andere Umgang mit der Natur auch mit einem anderen Umgang der Menschen miteinander zusammen. So wie der Wald heute vielfältiger und vitaler als früher ist, sind meine Mitarbeiter und ich engagierter und kreativer geworden. Die alten hierarchischen Strukturen wurden aufgelöst und dabei neue, ungeahnte Schaffenskräfte freigesetzt. Bei den Menschen so wie im Wald. Wie wir im Wald, so der Wald in uns.

Dieser Zusammenhang ist Thema des vorliegenden Bandes. In mehreren Essays wird er von verschiedenen Seiten beleuchtet und erhellt. Hinzu kommen Texte aus den Werkstätten für Kreatives Schreiben, die direkt im Wald stattfanden. In ihnen können Sie als Leser die intensiven Lernprozesse ahnen, die durch kreative Methoden entstehen. Ich möchte diesen Texten noch ein paar weiterreichende Gedanken vorausschicken, die sich aus meinen persönlichen Erfahrungen als Waldwirt ergeben.

Wir leben mit und in der Natur. Eigentlich sind wir Mensch gewordene Natur. Genauso wie der Wald in den globalen Naturhaushalt eingebunden ist, sind wir es auch. Noch nie ist das so deutlich geworden wie jetzt, da das globale Klima durch menschliche Eingriffe verändert wird und die Folgen den Wald genauso treffen wie den Menschen. Beide brauchen wir für unser Leben denselben Raum und dieselben Naturelemente – Erde, Wasser, Luft und Sonne. In dieser Partnerschaft sind Wald und Menschheit gleichberechtigte Teilhaber. Es steht uns nicht zu, die Vorherrschaft zu beanspruchen und Naturgüter zu unserem alleinigen Nutzen auszubeuten. Zudem ist es unklug: wir zerstören dadurch die Lebensgrundlage nicht nur von Tieren und Pflanzen, sondern auch unsere eigenen. Genau das geschieht heute.

So gesehen ist das Umweltproblem ein menschliches Problem. Wir brauchen die Natur; die Natur braucht uns nicht. Das Problem ist eine gestörte Beziehung des Menschen zur Natur und primär zu sich selbst. Die Veränderungen, die wir in der äußeren Natur anrichten, betreffen uns selbst. Wir spüren sie zunehmend am eigenen Leib und an unserem innersten Befinden. Die Frage, wie wir in der Umwelt leben wollen und welche Umwelt wir haben wollen, hängt deshalb eng damit zusammen, wie wir sie sinnlich erfahren. Das ist eine Frage der sinnlichen Wahrnehmung, nicht nur der Dinge, sondern auch all der Affekte, Emotionen und Vorstellungen, die Natur in uns auslöst.

Die Urbanisierung und Globalisierung der industrialisierten Welt hat zur Entfremdung der Gesellschaft von der Natur geführt. Die sinnliche Erfahrung und das Gefühl für die gesellschaftliche, ökologische und kulturelle Bedeutung des Lebensraumes Wald geht zunehmend verloren. Die große Herausforderung der Menschheit im 21. Jahrhundert ist aber eine ökologische und eine kulturelle: eine nachhaltige

Entwicklung im Einklang mit der Natur. Nirgendwo kann der symbiotische Zusammenhang zwischen Mensch und Natur eindringlicher wahrgenommen werden als im Wald. Der Wald – wir im Wald und der Wald in uns – ist einer der letzten Erlebnisräume, in denen dies ganz konkret in voller Sinnlichkeit möglich ist. Diesen Raum gilt es zu nutzen.

Der naturgemäß bewirtschaftete Wald ist hierfür besonders gut geeignet. Nicht nur, weil sein Verständnis ganzheitliches, vernetztes Denken erfordert und fördert. In ihm zeigt sich auch, dass ein verantwortungsvoller Umgang des Menschen mit der Natur zu ihrem und seinem eigenen Nutzen auf Dauer möglich ist – allerdings nur, wenn er die Gesetze des Waldes respektiert und er sich ihnen gemäß verhält. Naturgemäße Waldwirtschaft und ihr Leitbild der Naturnähe wird so zu einem Modell für Nachhaltigkeit: exemplarisch können hier die Bedingungen, Verfahren und Auswirkungen einer nachhaltigen Entwicklung demonstriert werden, einer Wirtschaftsweise also, die dem Lebenszusammenhang dient und ihn nicht zerstört.

Die tatsächliche Entwicklung geht bekanntlich in die entgegen gesetzte Richtung: sie ist nicht nur nicht nachhaltig, sondern zerstörerisch. Das gilt auch für den Wald. Wie Robert Pogue Harrison 1992 in seiner bedeutenden Studie „Forests – The Shadow of Civilisation" ausgeführt hat, ist das Zurückdrängen und die Zerstörung der Wälder ein Spiegelbild der Naturvergessenheit der westlichen Zivilisation. Wälder waren das erste Opfer der globalen Ausdehnung, sie sind heute immer noch Opfer und werden es künftig bleiben. Mit der weltweiten Zerstörung des Waldes geht aber mehr verloren als nur das größte terrestrische Ökosystem mit seinem Reichtum an Biodiversität und Habitaten. Denn der Wald und die Vorstellungen, die sich Menschen im Lauf ihrer Geschichte von ihm gemacht haben, sind ein integraler Bestandteil der menschlichen Kultur. So ist Wald, neben allem anderen, auch ein unersetzliches Reservoir für Erinnerungen, Träume, für Mythen, für Hoffnungen und für Ängste. Er ist, als Das-Ganz-Andere, der äußere Bezugspunkt unserer Zivilisation, gleichsam ihr Schatten. Wir werden heimatlos, wenn dieser Schatten verschwindet. Davon handeln die folgenden Beiträge. Darum dieses Buch.

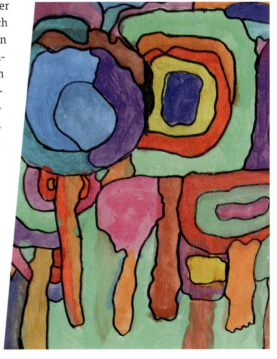

Hermann Graf Hatzfeldt,
Jahrgang 1941, Wissen / Sieg

ZITATE AUS DER ÜBUNG „BRIEF AN EINEN BAUM"

DU BIST EIN SCHÖNER BAUM, DU BIST GROSS, SIEHST GESUND AUS UND ES IST EIN SCHÖNES UND BERUHIGENDES GEFÜHL, EIN BISSCHEN MIT DIR ZU REDEN. HAST DU DEIN GESICHT VIELLEICHT WEIT OBEN, SO DASS ES KEIN MENSCH FINDEN UND SEHEN KANN, ABER DU ALLES OHNE PROBLEME ÜBERBLICKEN KANNST?

Laura-Marie Taatz

DU SIEHST KRAFTLOS UND ERSCHÖPFT AUS. FÜHLST DU, DASS JEMAND NEBEN DIR STEHT? ICH MÖCHTE DIR HELFEN, EINE DECKE UMLEGEN, DICH WÄRMEN UND UNTERSTÜTZEN, DIESE KALTE JAHRESZEIT ZU ÜBERSTEHEN. ICH WEISS NICHT, WIE UND WAS DU FÜHLST, ABER ICH WÜRDE GERNE ERFAHREN, WAS DU ALLES SCHON ERLEBT HAST.

Inga Proske

**SOLL ICH DIR VORLESEN, WAS ICH SCHREIBE?
MERKST DU EIGENTLICH, DASS ICH HIER BIN?
KANNST DU DIE WÄRME SPÜREN, DIE ICH AUSSTRAHLE?
OB DU DICH AN MICH ERINNERN WIRST?
STÖRT ES DICH, DASS ICH AUF PAPIER SCHREIBE, FÜR
DAS DEINE ARTGENOSSEN IHR LEBEN LASSEN MUSSTEN?**

Luisa Pelz

MEINE OMA ERZÄHLT IMMER, DASS SIE MIT IHREN PFLANZEN REDET UND DASS DIE DESHALB VIEL BESSER WACHSEN. DANN MÜSSTEST DU JA DEMNÄCHST VON DEN VIELEN BESUCHERN HIER EINEN RICHTIGEN WACHSTUMSSCHUB BEKOMMEN. ICH VERMUTE, ALS BAUM GENIESST DU JEDEN AUGENBLICK. DU LEBST QUASI IN STÄNDIGER MEDITATION. WENN ES FÜR MICH EIN NÄCHSTES LEBEN GIBT, DANN MÖCHTE ICH EIN BAUM WERDEN – ABER NUR EINER IM WALD.

Eva Horstmann

Elisabeth Marie Mars

DER WALD IN UNS – NACHHALTIGKEIT KOMMUNIZIEREN

Mit dem Projekt **„Der Wald in uns"** präsentieren wir ein Beispiel von Umwelt-Kommunikation, bei dem nicht nur Umwelt- und Entwicklungsthemen verbunden werden, sondern auch durch besondere methodische Settings neue Inhalte und Lernformen entstehen. Unser Ziel war, in Richtung Bildung für nachhaltige Entwicklung einen Paradigmenwechsel zu unterstützen und ein Naturbewusstsein zu fördern, bei dem ganzheitliches, vernetztes Denken und Lernen Priorität hat: Kommunikation und Bildung müssen über die Vermittlung ökologischer Zusammenhänge hinaus neue Zugänge zum Verstehen der Wirklichkeit, attraktive Möglichkeiten zur Veränderung und Gestaltung, Kreativität weckende Vermittlungsformen, reflektierte Selbst- und Fremdwahrnehmung und die Integration von ethischen Wertfragen beinhalten.

Und noch eins wollten wir: Generationsübergreifende Dialoge aufbauen, Wissen anhand von Vorbildern und Beispielen vermitteln, in heterogenen Gruppen agieren lernen.

Uns interessierten solche Fragen wie:
- Welchen Lernstoff bietet die Natur?
- Wo könnte man bessere Vorbilder und Beispiele finden als bei den Älteren?
- Wer ermöglicht mehr Sinnesbildung als der Wald?
- Was ist bessere geistige Nahrung, um Zusammenhänge zu erkennen, als Phantasie?
- Woraus entsteht Zukunft, wenn nicht aus Bildung und Lernen?
- Wie erfassen Menschen die Welt?

Im Folgenden möchte ich einige Beobachtungen und Erkenntnisse vorstellen, die wir *„Im Wald"* machen durften:

Nicht die Natur braucht uns, sondern wir Menschen brauchen die Natur.

Wenn wir erkennen, wie nah uns alles ist, was lebt, kommen wir auch uns selber näher. Für uns Menschen liegt die größte Gefahr darin, dieses Verständnis nicht zu entwickeln – mit der Folge, dass die Formen der Umweltzerstörung zunehmen werden, weil wir die Abhängigkeiten und Verbindungen zur natürlichen Umgebung nicht mehr kennen, geschweige denn spüren. Das gilt für Ältere und Jüngere gleichermaßen. Wir haben z. B. kein Gefühl mehr für die Tatsache, dass ein Baum zwar ohne uns Menschen leben kann, wir Menschen aber nicht ohne Bäume.

Wir Menschen lieben die Natur, wir suchen sie und sehnen uns nach ihr. Wir spüren, dass uns die Verbindung mit einem Baum bewegt. Wir fühlen, dass wir bei Berührungen mit der Natur (einem Zweig, Baum, Wurzel) auf geheimnisvolle Weise unserem eigenen Selbstverständnis als biologische Wesen begegnen. Als wenn wir dadurch verstehen lernen, was Leben ist oder Leben ausmacht. Die Natur ist kein Fluchtraum für Gefühle. Sie gewährt uns einen Raum für Gefühle.

Die Kombination von Kreativem Schreiben und Sinnesübungen erwies sich an genau dieser Stelle als sehr hilfreich, um zu einer dialogischen Einstellung zu der uns umgebenden Natur zu kommen und um Gefühlen und Erfahrungen einen Platz zu geben, sie auszudrücken.

„Morgens um halb fünf, da sind noch keine Bäume im Wald, scherzte mal mein Opa, als er mit mir als Kind in den Wald Pilze sammeln gehen wollte und mich fragte, wie früh wir aufstehen sollten. Vielleicht habe ich es ihm damals geglaubt, dass morgens um halb fünf noch keine Bäume im Wald sind – jedenfalls hat mich die Antwort meines Opas bis heute nicht losgelassen.

Auf was für verrückte Gedanken kam ich deswegen: Gehen die Bäume vielleicht nachts nach Hause? Verbringen sie die Nacht in gemütlichen Betten, um morgens wieder auf der Matte zu stehen? Arbeiten sie im Wald oder stehen sie da nur so rum und schauen sich den ganzen Tag die Spaziergänger, Hunde und Fahrradfahrer an?

Dass ich mir diese Fragen überhaupt gestellt habe, verdanke ich meinem Opa. Ohne es zu wissen, hat er mir in seiner scherzhaften Weise den Wald so nahe gebracht, wie ich es allein nie geschafft hätte.

Es ist nicht der Wald als solcher, den wir suchen, sondern unsere Erfahrungen, die wir im ‚Koffer' haben, wenn wir in den Wald gehen. Sind wir dann im Wald, dann setzen wir je nach Tagesform die zugehörige ‚Brille' mit dem je nach Gefühlslage passenden Filter auf, und die ‚Waldshow' kann beginnen. Am Ende des Waldbesuches wird der Koffer wieder zugemacht, ergänzt durch ein paar kleine oder auch große Erfahrungen oder Erlebnisse" (Krystian Lembke, Jahrgang 1962, erzählt heute als Vater ähnliche Geschichten).

Die Wechselwirkungen zwischen Mensch und Umwelt werden von Tiefenstrukturen der jeweiligen Kultur bestimmt. Deswegen hängen die Veränderungs- und Entwicklungsmöglichkeiten auch von nicht sichtbaren tiefenpsychologischen Gewohnheiten ab. Um diese Gewohnheiten zu erkennen, muss man an den Übergängen arbeiten, da, wo individuelle und kulturelle Dinge zusammen treffen.

Natur und Kultur sind die zwei Seiten einer Medaille. Wir können die Dinge nicht mehr getrennt betrachten, wenn wir solche Fragen beantworten wollen: Wie soll die Welt aussehen, in der wir in Zukunft leben und arbeiten können? Was ist möglich, um die Vernichtung von Umweltressourcen einzudämmen? Was muss getan werden, um globale Partnerschaft verständlich zu machen? Welche Werte halten die Gesellschaft zusammen?

Und diese Zusammenhänge müssen sich auch in der Art der Lernprozesse zeigen, die initiiert werden. Diese müssen über die Vermittlung von Fachwissen hinausgehen. Die Integration neuer Inhalte ist genauso wichtig wie deren Vermittlung. Erst ganzheitliche Lern- und Vermittlungsformen öffnen – von innen her – den Blick für Zusammenhänge. Diese werden umso sichtbarer, je mehr die Beteiligten damit vertraut sind, die eigene innere Organisation wieder und wieder zu öffnen und neue Verbindungen entstehen zu lassen. Das ist keine Absage an einen logischen Diskurs, sondern der Hinweis darauf, wie eng begrenzt die absehbare Wirkung rationaler Anstrengungen für den tieferen Lernprozess ist, wenn diese nicht zugleich getragen sind aus der Erfahrung eigener innerer Neugestaltung.

Bereits 2000 hat das Bundesministerium für Bildung und Forschung festgestellt: „Werte, Einstellungen und Verhaltensweisen von Individuen, sozialen Gruppen und Gesellschaften bestimmen die Beziehungen zwischen Mensch und Umwelt. Deshalb darf sich die Umweltforschung nicht in naturwissenschaftlich-technischen Untersuchungen erschöpfen. Humanwissenschaftliche Forschungsaktivitäten, die das Verhältnis

zwischen Gesellschaft und Umwelt untersuchen, sind zentrale, bislang allerdings noch wenig entwickelte Bestandteile der Umweltforschung".

Brauchen wir eine Ökologie des Herzens?

„Forscher entdecken aktuell, dass unsere Gefühle zu den Kernfragen der modernen Naturwissenschaften führen. Diese Botschaft ist freilich so radikal, dass sie bisher nicht immer verstanden wurde. Sie heißt nichts anderes, als dass diese Welt kein fremder Ort ist, sondern in einem emphatischen Sinn Heimat. Wir teilen sie mit unzähligen anderen Organismen, die wie wir voller Gefühl sind" (Andreas Weber, 2007, S. 16).

Bei dem eingangs genannten Paradigmenwechsel geht es letztendlich darum, ob wir uns einfühlen in das Gesamt der Wirklichkeit, in das wir verwoben sind und das wir zerstören werden, wenn wir Natur und Umwelt nur als Material oder Ressource betrachten und beanspruchen. Die Zukunft unseres Planeten wird davon abhängen, ob wir noch rechtzeitig zu einer dialogischen Einstellung der Wirklichkeit finden oder ob wir die gesamte Schöpfung um eines kurzfristigen „Gewinns" wegen hemmungslos verheizen. Und diese Zukunft beginnt jetzt und hier, überall ist eine neue Sensibilität und Achtsamkeit gefragt. Wir müssen die Beziehungen verstehen lernen, die uns mit allen und allem verbinden. Die Natur und die Welt sind nicht etwas Abstraktes um uns herum, wir selbst sind die Natur und die Welt. Unsere eigene Beziehung, der gesamte Prozess unseres Denkens, Handelns und Lebens entscheiden darüber, wie die Wirklichkeit um uns herum aussieht.

„Man muss die unsichtbaren Linien sehen, die jedes Lebewesen in das verworrene Netz einbinden, das die Seele des Waldes birgt. Und wenn man ihnen allen zuhört, die den Wald beleben, dann verheddert man sich nicht in diesem verworrenen Netz, sondern es leitet einen auf unsichtbaren Pfaden zu unerzählten Geschichten und Geheimnissen. Dorthin, wo das Leben langsam fließt und wo man niemals alleine ist" (Noemi Weber, beteiligte Schülerin).

Veränderungen fangen im Kopf an: Wenn jeder Einzelne von uns sein Wissen und seinen Ideenreichtum ins Spiel bringen würde, so hätte das weitreichende und verändernde Auswirkungen.

Unsere Arbeitserfahrungen zeigen, dass Kinder und Jugendliche für diese Art von Beziehung oder Lernen noch aufgeschlossen sind – so, als würden sie sich noch daran erinnern, dass Lernen auf natürliche Weise ganzheitlich und nachhaltig ist.

Wissenschaftliche Publikationen (z. B. Klein, Layard) betonen die Bedeutung und den Zusammenhang von nachhaltigen Lebens- und Wirtschaftsstilen und Glück. Oder anders gesagt: „Sie zeigen, dass unser ökologisch verheerender Konsum- und Lebensstil auch eine Folge davon ist, dass die Status-, Konkurrenz- und Mobilitäts(un)kulturen moderner Gesellschaften elementare menschliche Glücksbedürfnisse, etwa nach sozialer Einbindung, Geborgenheit und Wahrhaftigkeit frustrieren" (Maik Hosang, 2007, S. 181).

Um dem zu begegnen, brauchen wir konkrete Lernerfahrungen durch persönliches Erleben, echte Alternativen zum vorherrschenden Konsum und Lebensstil. Wir brauchen mehr Erfahrungen und Ideen, die zu einem *„mehr-im-Einklang-mit-der-Natur"* sozialisieren.

„Und auf einmal verstand sie das zerstörerische Wesen des Menschen und sie begriff, weshalb sich die Welt auch ohne sie drehte. Da schleuderte sie in einem einzigen Schrei die fremden Träume zurück und sprang" (Luisa Pelz, beteiligte Schülerin).

Wir leben in einer historisch besonderen Situation, in der das Lernen von heute für das Leben von morgen schon nicht mehr ausreicht. Die äußeren Veränderungen haben eine solche Geschwindigkeit, dass sie mit unserer inneren Disposition nicht mehr Schritt halten. Die weltweiten wirtschaftlichen, kulturellen, politischen und

sozialen Verflechtungen erfordern es, dass wir die Welt als Ganzes begreifen. Die multikulturelle Gesellschaft ist genauso Wirklichkeit wie der Klimawandel und auch die tägliche Informationsflut bestärkt ums im Bild von der „Einen Welt". Aber unser Lernen und die Veränderungsbereitschaft sind langsamer. Diese Lücke zu schließen, korrespondiert mit dem Bemühen, alle Fragen nach einem guten sinnvollen Leben hier zu stellen. *„Die Vorstellung davon, wie Menschen ihre Welt erfassen, was für sie Traum ist oder Wirklichkeit, Wahrheit oder Lüge, kann die Pädagogik nicht unberührt lassen"* (Stefan Lutz-Simon, 2006, S. 10).

Bewusstes Naturerleben und Welt-Erfahrung hängen zusammen,
so unsere Beobachtung. Perspektivwechsel in der Natur zu üben, qualifiziert, um in einer immer enger zusammenrückenden Welt, fremde Welten und Kulturen in den Blick zu nehmen und unsere gegenseitigen Abhängigkeiten und Verbindungen auf zu decken, darzustellen und zu vermitteln.

Die Natur verkörpert, was auch wir sind. Sie ist wie ein Spiegel, in dem wir unsere eigenen Emotionen und geistigen Konzepte sehen können. Darum spielt Natur in den kulturellen Traditionen – gleich wo auf der Welt – eine so große Rolle. Produktivität, Erneuerung, Wachstum, Tod, Scheitern, Vergehen, Beginn – all diese Dinge können wir in der Natur studieren. Die Sehnsucht nach Natur gehört zu unserem Wesen und die Entfremdung, Zerstörung oder sogar der Verlust von Natur könnten ungeahnte Folgen für uns haben. Schon heute machen Forscher darauf aufmerksam, dass Herz- und Kreislaufprobleme, Depressionen und andere psychische Erkrankungen damit zu tun haben. Während umgekehrt genau diese Krankheiten bei ethnischen Gruppen, die (noch) in intakten Ökosystemen leben, nicht bekannt sind.

Im Spiegel anderen Lebens können wir uns selber verstehen lernen – wir kennen das aus der interkulturellen Arbeit, es gilt allerdings auch für alle anderen Formen des Lebens in der Natur.

„In der Nähe eines jeden Dorfes gibt es Bäume oder Grünzonen, die niemand antastet, weil in ihnen die Seele des Dorfes wohnt. Und kein Mensch würde es wagen, an der Seele des Dorfes herum zu schneiden. Das meint: Keiner würde die in der Nähe eines Dorfes oder einer Stadt befindlichen Grünzonen zerstören" (Jul M. Sanwidi aus Burkina Faso).

„Bäume sind Menschen vielleicht ähnlich. Denn es gibt starke und große Bäume, aber auch dünne und kleine. Einige Bäume nehmen anderen das Licht und andere wiederum können am besten im Schatten größerer Bäume wachsen" (Lisa Kessler, beteiligte Schülerin).

Künstlerische Methoden und Arbeitsformen, die in diesem Projekt Vorrang hatten, lassen viel Raum für eigene Ideen und sprechen möglichst viele Sinne an. Die entdeckende, erforschende und dialogische Kraft künstlerischer Vermittlungsformen entspricht den Schlüsselqualifikationen einer Bildung für nachhaltige Entwicklung. Zu diesen gehören ganz sicher: Kreativität und Phantasie, emotionale Intelligenz und (selbst)kritisches Denkvermögen, Verständigungs- und Kooperationsfähigkeit, vorausschauendes Denken in Zusammenhängen, Fähigkeit zur Entscheidungsfindung auch in komplexen und risikoreichen Situationen sowie die Bereitschaft zur demokratischen Mitwirkung.

Zudem lassen sie uns lernen, dass Bildung mehr ist als das, was wir von Schule und Staat erwarten können: nämlich eine Verantwortung, die bei jedem einzelnen Menschen liegt. Die

einzelne Person, ihre eigenen Lebenserfahrungen und ihre Verantwortung gegenüber ethischen, allgemein akzeptierten Werten sind mit entscheidend für die Gestaltung unserer Welt. Das ist „*Gestaltungskompetenz*", die Schlüsselqualifikation einer Bildung für nachhaltige Entwicklung. Sie meint das nach vorne weisende Vermögen, die Zukunft von Gruppen und Gesellschaften, in denen man lebt, in aktiver Teilhabe im Sinne nachhaltiger Entwicklung modifizieren und gestalten zu können. Und das muss man üben können. Wir benötigen viele solcher Übungsfelder – und zwar für durchaus unterschiedliche Zielgruppen.

Wie sonst sollen wir zu der Erfahrung kommen, Teil eines weltweiten Prozesses zu sein, der seine Kraft durch die Anteilnahme vieler Menschen erfährt?

Die Antwort liegt auch in der Praxis einer Bildung für nachhaltige Entwicklung: diese ist ganz wesentlich ein Geschehen, bei dem Gefühl und Vernunft, Emotion und Kognition nicht getrennt sind. Wenn es um Veränderung geht, dann bedarf es der ausdrücklichen, durch Gefühle erzeugten Bewegung. Die Schwierigkeit, diese zuzulassen, liegt in der konsequenten „*Gefühlsverschwiegenheit*" (Meyer-Abich) unserer Kultur.

Unter großen Anstrengungen haben wir gelernt, das tiefe Muster der Trennung zwischen Gefühl und Verstand zu bilden. Systematik, Intellektualität, Logik wurden und werden in unserer Kultur belohnt. Damit aber lassen wir eine notwendige Bedingung für tieferes Lernen außer Acht. Deshalb gehen neue Lernkonzepte von einer Integration von Gefühl und Erkenntnis aus. Sie fallen nicht hinter die Logik zurück, sondern gehen über sie hinaus, denn das Spektrum des menschlichen Bewusstseins endet keineswegs bei dem formal-operationalen Denken.

Ein Leitartikel in der ZEIT wagte kürzlich die These: „*In der Umweltpolitik erweisen sich die Idealisten als die wahren Realisten ... Der Klimawandel versetzt die Menschheit in eine nie da gewesene Situation. Binnen zwanzig Jahren muss sich unsere Art zu leben und zu wirtschaften, radikal ändern ...*" (B. Ulrich, 2007).

Umweltbildung und Globales Lernen sind zwei Seiten einer Medaille

Klimawandel, Biodiversität und Kulturelle Vielfalt – die großen aktuellen Themen zeigen offensichtlich, dass die Dinge zusammen gehören. Mit dem Verlust der Artenvielfalt verschwindet auch die kulturelle Vielfalt. Oder anders herum: Der Verlust der kulturellen Identität wirkt sich negativ auf das individuelle Selbstbewusstsein bzw. Selbstwertgefühl aus. Nachdem der gesamte Regenwald auf Borneo abgeholzt wurde, sterben auch die Gruppen der Dayak, denn *„der Wald war ihre Haut"*. Mit den Dayak sterben die Kenntnisse über traditionelle Anbauverfahren, über die medizinische Anwendung der Pflanzen-Therapie oder die der natürlichen Umgebung angepasste Sozialmechanismen.

Oder: wenn das Eis um Grönland weiter mit der aktuellen Geschwindigkeit schmilzt, wird Bangladesh überflutet. Die Folgen des von den Industrieländern verursachten Klimawandels bekommen die Menschen als erste zu spüren, die so gut wie nichts dazu beigetragen haben.

Wenn wir beginnen, über *„unseren Tellerrand hinauszuschauen"*, wenn wir die traditionelle Umweltbildung um internationale Aspekte erweitern, sind wir bei den Themen zur sozialen und globalen Gerechtigkeit, Fragen in Bezug auf unseren Lebensstil, unsere Denkweise sowie unsere Produktions- und Konsummuster.

Die Folgen und Wirkungen der Globalisierung betreffen nicht nur wirtschaftliche Prozesse auf dem Weltmarkt, sondern ebenso objektive und subjektive Veränderungen in Bezug auf Kommunikation, Technologie, Bildung, Sport und Alltagskultur. Es scheint, als hätte die Welt ihre Begrenzung verloren, alles scheint verfügbar, erreichbar, bekannt. Dennoch: auch wenn wir unseren Frühstückstisch hier mit Produkten aus der ganzen Welt decken, bedeutet dies nicht, dass wir einander besser verstehen oder die Erfahrungen von Menschen weltweit ähnlicher geworden seien.

Umweltbildung und Globales Lernen sind keine Gegensätze – im Gegenteil: Global meint in seiner doppelten Bedeutung: *„auf die ganze Erde bezogen"* und *„umfassend"* zugleich. Die pädagogische Antwort auf die Prozesse und Folgen der Globalisierung sind die vielfältigen Formen Globalen Lernens. Ihnen gemeinsam ist die Vermittlung, dass wir ohne einen geschärften Sinn für weltweite Zusammenhänge und Verantwortung keine Zukunft denken, geschweige denn leben können. Wir können nicht mehr nur für eine nationale Lebenswelt sozialisieren, während bereits fast alles in unserem Leben und unserem Alltag internationalisiert ist.

„Unser kollektives Denken ändert sich in dem Maß, in dem uns schmerzlich bewusst wird, dass wir unser eigenes Grab schaufeln, so wie wir mit dem Pflanzenleben auf dieser Erde umgehen. „Hug a tree" (Umarme einen Baum) und „Save the rainforest" (Rette den Regenwald) sind Slogans, aber von ihnen hängt unsere Zukunft ab. Ganze Wälder voller Pflanzen verschwinden, ehe wir wissen, was alles darin wächst, und ohne sie könnten wir die nächste gefährdete Art sein" (Carol Chudley, Dorothy Field, 2000, S. 174).

Globales Lernen bedeutet auch, dass wir über eine Veränderung von Themen und Methoden Einsicht in globale Zusammenhänge bekommen. Die Internationale Enzyklopädie der Erziehungswissenschaften beschreibt bereits 1989

die zwei zentralen Elemente Globalen Lernens sehr prägnant. Ihre Definition lautet: „Globales Lernen kennzeichnet ein Lernkonzept, nach dem Schülerinnen und Schüler über globale Fragen lernen und dabei Wissen und Kompetenzen auf eine ganzheitliche Weise erwerben". Das bedeutet, dass auf der Gegenstandsebene Themen und Inhalte in einem weltweiten Horizont verortet sein müssen und auf der Lernebene, dass sich diese erst in ganzheitlichen, interdisziplinären und multiperspektivischen Formen erschließen. Deshalb bedingt Globales Lernen einen weitreichenden Umbau der Lernkonzepte, eine Bildungswende hin zu innovativen Formen und Inhalten. Dabei sollten sich Wissen, Kunst, Religion, Erziehung und Erfahrung verbinden und nicht mehr in ihren Erkenntnissen nebeneinander aufgereiht werden wie in einer Enzyklopädie. Vielmehr regt Globales Lernen zu vernetztem, interdisziplinärem und systemischem Denken an – und das aus gutem Grund, denn die Art, wie wir denken, ist mitentscheidend dafür, wie wir in Zukunft leben werden.

Deswegen hat Globales Lernen mit Persönlichkeitsbildung und mit Erziehung zur Weltgesellschaft zu tun, mit Eigensinn und mit Gemeinsinn. Es hat zu tun mit der Kompetenz, sich selbst als Teil eines Ganzen zu verstehen. Oder: deswegen muss in der Umweltbildung gezielter auf ein Leben im Rahmen der Globalisierung vorbereitet werden.
„Dabei spielen neben dem Fachwissen und dem Beherrschen der Informationstechnologien der Erwerb von Schlüsselkompetenzen und die Fähigkeit zu selbst gesteuertem Lernen in der Gemeinschaft eine immer größere Rolle ... Je besser dabei anhand von Vorbildern und Beispielen Wissen erkannt und Erfahrungen gesammelt werden können, desto leichter fällt die Umsetzung in selbst bestimmtes, konstruktives Handeln" (Jürgen Hollmann, 2006).

Der Wald in uns
„In dem ganzen Chaos, welches in den Wäldern herrscht, dominiert auf der biologischen Ebene die Freundschaft zwischen den Pflanzen- und den Tierarten. Das Gefühl der Verbundenheit der Arten in- und untereinander formt in dem Wald eine Seele, die auf eine mystische Weise das Leben spüren lässt" (Veroníka Naydyónova, beteiligte Schülerin).

„In welchen Wald gehen wir denn, wenn wir in den Wald gehen?" fragt Wernher Sachon in seinem Beitrag. Wir gehen nie nur in den äußerlichen Wald, so unsere Erfahrung. Wir gehen immer auch in den *„Wald in uns"* – zu unseren Kindheitserinnerungen, zu den Wünschen nach „heiler Welt", zu der Sehnsucht nach natürlichen Beziehungen, zu der meistens verborgen gefühlten Erkenntnis, dass alles mit allem verbunden ist. Aber auch zu dem Chaos, das im Wald herrscht, zu der Unordnung, die wir nicht begreifen, zu dem Unvorhergesehenen, zu der Stille, die wir kaum aushalten.

Doch dann, wenn wir es tun, wenn wir im Wald und vom Wald lernen, können wir erkennen, dass wir ihm fast alles abschauen können, was wir benötigen, um Nachhaltigkeit zu kommunizieren:
- Wissen über nachhaltige Entwicklung anwenden
- Probleme nicht nachhaltiger Entwicklung erkennen
- Schlussfolgerungen über ökologische, ökonomische und soziale Entwicklungen in ihrer wechselseitigen Abhängigkeit ziehen
- vernetzt, interdisziplinär und systemisch denken lernen
- darauf basierende Entscheidungen verstehen und treffen
- individuell, gemeinschaftlich und politisch umsetzen
- nachhaltige Entwicklungsprozesse möglich machen.

Sich Wissen über die soziale, ökologische und kulturelle Bedeutung des Lebensraums Wald zu erarbeiten, bedeutet gleichzeitig, Wissen über unser eigenes Leben und Zukunft zu haben.

Konkret und sinnenreich, durchaus langsam und am wirkungsvollsten dann, wenn es Handeln ermöglicht: nachhaltiges Lernen über Nachhaltigkeit.

„Jeder Mensch ist aus einem anderen Holz geschnitzt,
und doch stammen wir alle aus ein und demselben Wald"
(Ernst Ferstl, österreichischer Lehrer und Autor).

Elisabeth Marie Mars, Jahrgang 1951, Münster

Literatur: Bundesministerium für Bildung und Forschung (BMBF), 2000, „Rahmenkonzept sozial-ökologische Forschung", S. 7, Bonn/Berlin; Andreas Weber, 2007, „Alles fühlt. Mensch, Natur und die Revolution der Lebenswissenschaften", Berlin; Stefan Klein, 2002, „Die Glücksformel oder wie die guten Gefühle entstehen", Reinbek; Richard Layard, 2005, „Die glückliche Gesellschaft. Kurswechsel für Politik und Wissenschaft", Frankfurt; Maik Hosang, 2007, in: „GAIA, Ökologische Perspektiven für Wissenschaft und Gesellschaft – Heft 3/2007"; Stefan Lutz-Simon, 2006, „ParallelWelten – Jugendliche und Umweltbildung", München; Bernd Ulrich, 2007, „Erst kommt die Moral", in: ZEIT 11/2007, 08.03.2007; Torsten Husén, Neville Postlethwaite, 1989, „The International Encyclopedia of Education, Supplementary Volume One", Oxford, S. 384; Carol Chudley, Dorothy Field, 2000, „Gartengespräche unter Frauen", München; Jürgen Hollmann, 2006, Vortrag „Perspektiven einer Bildung für nachhaltige Entwicklung im Zuge der UN-Weltdekade in Nordrhein-Westfalen", Münster

Hubert Weinzierl

VON DER KULTUR DER WILDNIS

Es gehört zu den Sternstunden des Naturschutzes, dass die Bundesregierung 2005 beschlossen hat, mehrere Hunderttausend Hektar ehemaliger militärischer Liegenschaften, insbesondere Wälder für Zwecke des Naturschutzes an Verbände und Stiftungen zu übergeben. Dies ist die friedlichste und schönste Konversion, Truppenübungsplätze zum Nationalen Naturerbe zurückzuentwickeln und Freiräume für die Wildnis zu schaffen.

Unstrittig ist, dass wir im Laufe der letzten Generation im technischen Umweltschutz in Deutschland viel erreicht haben. Tatsache ist aber auch, dass uns die Großstrukturen der Energie- und Wirtschaftspolitik, der Landnutzung, der Siedlungsentwicklung und des Verkehrswesens derart überrollt haben, dass der klassische Naturschutz, der Artenschutz, die biologische Vielfalt auf der Strecke geblieben sind und das Netzwerk des Lebens zerrissen ist.

Hinzu kommt die neue Dimension der Klimaveränderung, mit der sich das Artenspektrum dramatisch verändern wird sowie der Globalisierung, bei der in der so eng gewordenen Welt der Kampf um die Ressourcen, vor allem der Energien bis in die lokalen Strukturen hineinwirken wird. Der Nord-Süd-Konflikt oder die Kriege um Rohstoffe liegen vor unserer Haustüre. Armutsbekämpfung, Umweltvorsorge und Artenschutz hängen eng zusammen und sind Teil zukunftsfähiger Naturschutzpolitik geworden.

Der Schwund der Biodiversität geht allen Konferenz-Marathons zum Trotz unverändert weiter. Allein in Europa sind bis zu 40 % der Pflanzenarten durch Wirtschaftswachstum und Klimaveränderung bedroht. In den letzten 50 Jahren waren durch anthropogene Einflüsse bedingte Biodiversitätsverluste auf allen Ebenen so hoch wie noch nie in der menschlichen Geschichte. So wurde in den 30 Jahren von 1950 bis 1980 in der Bundesrepublik Deutschland mehr Land in Kulturflächen umgewandelt als in den 150 Jahren zwischen 1700 und 1850. Der Wald galt dabei meist als billige Baulandreserve.

In den letzten 100 Jahren waren die Aussterberaten von Arten etwa 100-mal größer als die natürlichen Aussterberaten in den Zeiten davor. Für die Zukunft werden sogar Aussterberaten prognostiziert, die 1.000- bis 10.000-mal größer sind.

Von den in Deutschland vorkommenden Biotoptypen sind 69 % gefährdet (Bundesamt für Naturschutz, BfN 2004).

In Deutschland sind ca. 48.000 Tierarten bekannt. Von den einheimischen Tierarten sind 36 % ausgestorben oder verschollen (BfN 2004). Mit diesen Zahlen erreicht Deutschland mit die höchsten Gefährdungsraten in Europa.

Ein bedeutendes Problem ist dabei die Fragmentierung der Landschaft durch Straßenbau und Siedlung. Nur noch wenige zusammenhängende naturnahe Landschaften sind erhalten geblieben. Das Wandern von Individuen zwischen verschiedenen Populationen ist damit stark erschwert.

Die Nährstoffbelastung durch diffuse Einträge aus der Luft und Einbringung durch landwirtschaftliche Düngung ist global wie auch in Deutschland eine der wichtigsten negativen Einflussgrößen auf die Biodiversität. Der Konflikt zwischen den kurzfristigen, ökonomisch orientierten Nutzungsinteressen und Biodiversität ist nach wie vor ungelöst. Deswegen gilt als größte Herausforderung die Reform der internationalen Handels- und Umweltregulierungen.

Betroffen sind vor allem die aktuellen WTO (Welthandelsorganisation) -Verhandlungen, insbesondere zur Reform des Agrarsektors und der damit verbundenen Notwendigkeit zur Reform der gemeinsamen EU-Agrarpolitik. Bei der 2008 in Bonn stattfindenden 9. Vertragsstaatenkonferenz der CBD (Convention on Biological Diversity) dürfte vor allem der potentielle ökonomische Wert genetischer Ressourcen eine wichtige Rolle in der globalen Kompromissbildung zwischen Industrie- und Entwicklungsländern spielen. Konflikte gibt es auch über die Teilhabe an den potentiellen Vermarktungsgewinnen. Dies ist der Kern des Streits um einen „gerechten und fairen" Vorteilsausgleich (benefit-sharing).

Die oben genannten Zahlen und Daten stammen von amtlichen Dienststellen, diese „Panikmache" betreibt jetzt anstatt der Umweltverbände bereits die Politik.

Das bisher Gesagte klingt ja wenig aufmunternd, könnte man mir jetzt entgegenhalten. Warum ich dennoch Optimist bleibe? Weil wir, die Naturschutzbewegung mit Selbstbewusstsein sagen können: Ja, wir haben viel erreicht. Stellt euch unser Land vor, wenn es uns nicht gegeben hätte. Kaum ein Schutzgebiet, kaum ein Kleinod dieses Landes, das nicht durch irgendeine Schandtat verhunzt worden wäre, hätten sich nicht die vielen ungenannten Frauen und Männer vor die Natur gestellt. Das sind die Helden der Geschichte, die den größten Beitrag zu Zukunftsfähigkeit und für die Überlebenspolitik der Menschheit geleistet und das Netzwerk des Lebens geknüpft haben. Die Erhaltung von Urwäldern und die Schaffung von Waldnationalparken sind Beispiele dafür.

Und wir haben auch neue Arten hinzugewonnen: Es gibt die Heimkehrer wieder, die Wildkatze, den Luchs, den Biber und sogar der Wolf kehren zurück, der Schwarzstorch und der Uhu werden häufiger, zumindest in meiner Heimat.

Die Schaffung von Nationalparken und Großschutzgebieten in Deutschland ist sowohl für den Naturschutz als auch für den Tourismus zu einer Erfolgsgeschichte im Verlauf der letzten Jahrzehnte geworden.
Das Bundesamt für Naturschutz hat in seiner neuesten Studie „Natur ist Mehr-Wert", den ökonomischen Nutzen des Naturschutzes untersucht. Naturschutz hat für Tourismus, Freizeit und Naherholung eine große wirtschaftliche Bedeutung. 290 Millionen Menschen besuchen jährlich die Naturparke, Nationalparke und Biosphärenreservate in Deutschland und kurbeln so die Wirtschaft im Gastgewerbe, Einzelhandel und Dienstleistungsbereich an. Jedes Prozent von Reisen, die nicht ins Ausland, sondern innerhalb Deutschlands getätigt werden, bringen 10.000 bis 15.000 neue Arbeitsplätze.

Die aktuelle Diskussion um den Nationalpark begann bereits im Frühjahr 1966. Es war in Ostafrika, wo ich mit Professor Bernhard Grzimek über eine Passage seines Buches „Wildes Tier, Weißer Mann" diskutierte, der zufolge er die Möglichkeit der Schaffung eines Nationalparks in Mitteleuropa bezweifelte. Wenige Zeit danach durchstreiften wir intensiv den inneren Bayerischen Wald, der Nationalparkfachmann revidierte daraufhin seine obige Befürchtung und zwei bayerische Nationalparke waren das Ergebnis nach zehnjährigen Auseinandersetzungen. Für den heimischen Wald bedeutete die Entscheidung „Natur Natur sein lassen" eine Denkwende und gleichzeitig wurden Lernorte für die Entwicklung des Waldwesens geschaffen. Diese beiden Nationalparke waren Schrittmacher für ein deutsches Nationalpark-Programm.

Nach der Wende erlebte die Nationalparkidee einen Durchbruch. Es war eine Großtat des Naturschutzes und die schönste Morgengabe der Wiedervereinigung, dass in den neuen Bundesländern dieses Projekt in kurzer Zeit verwirklicht wurde, so dass es heute vom Wattenmeer bis zu den Alpen sechzehn Nationalparke gibt. Hinzu kommt das großartige Geschenk des „Nationalen Naturerbes" mit 135.000 Hektar potentieller Naturschutzflächen, dessen Verwirklichung seit Oktober 2007 angelaufen ist.

Die Biodiversität wird neben der Klimafrage zur zweit wichtigsten Säule künftiger Nachhaltigkeitspolitik. Umso dringender ist die Vorlage einer nationalen Biodiversitätsstrategie, mit der wir uns 2008 vor den Fachleuten der Weltfamilie sehen lassen können.

Als Vorhut für diese Diskussion ist im April 2007 der so genannte Indikatorenbericht 2006 erschienen, in dem der Stand der Diskussion um die Artenvielfalt so zusammengefasst wird:

Der Wert für die Artenvielfalt lag im Jahr 1990 deutlich unter den Schätzwerten, die für die Jahre 1970 und 1975 angenommen werden. In den folgenden 15 Jahren hat sich der Indikatorwert dagegen kaum noch verändert. Im Jahr 2005 lag er bei 74% des Zielwerts für 2015. Eine Zielerreichung zum vorgegebenen Zeitpunkt ist angesichts der Entwicklung in den letzten Jahren ohne zusätzliche Anstrengungen nicht absehbar.

Die Veränderung des Klimas, die wesentlich durch die Emission von Treibhausgasen verursacht wird, verschiebt bereits heute die Verbreitungsgebiete vieler Arten und beginnt – besonders aufgrund heißer und trockener Sommer – die Landschaften in Deutschland umzuformen. Der vom Menschen verursachte Klimawandel könnte zukünftig die Artenvielfalt sowie das Artenspektrum durch Einwanderung und Aussterben von Tier- und Pflanzenarten stark verändern.

Bemerkenswert und hoffnungsvoll erscheint mir, dass der Abschnitt „Artenvielfalt" im Indikatorenbericht der Nachhaltigkeitsstrategie unter dem Kapitel „Generationengerechtigkeit" angesiedelt ist. Das führt mich zu einer vergessenen Art, nämlich der Art Mensch hin, der ich bei meiner Vision vom Naturschutz im 21. Jahrhundert den größten Stellenwert beimesse.

Generationengerechtigkeit ist kein rein monetärer Vorgang, denn auch Blumenwiesen und Schmetterlinge, Vogellieder und Waldbäche sind schließlich Teil zukünftiger Rente. Was hätten künftige Generationen von mehr Wohlstand, wenn dieser in einer zerschundenen Umwelt versandet und Körper und Seele davon krank werden?
Heimat heute bedeutet eben eine Wertediskussion, welche wir zwei Generationen lang durch Wachstum und materiellen Wohlstand ersetzt haben.

Wir sollten uns daher der spirituellen Kraft besinnen, welche die mystische Wurzel des Naturschutzes war und wir sollten ein neues Menschenbild in den Mittelpunkt rücken, um angesichts des globalisierten Egoismus und des brutalen Neodarwinismus dieser Tage den Mut zur Emotion und zum Anderssein wieder zu entdecken.

Das setzt eine Solidargemeinschaft zwischen Menschen und Mitgeschöpfen voraus und erfordert die neue Philosophie eines Naturschutzes, der die Hände von der Natur lässt.

Mehr Mut zur Wildnis

Es gehört ja noch immer zum Repertoire eines jeden populistischen Politikers, uns glauben zu lassen, dass ohne die pflegenden Hände und Maschinen der fleißigen Bauern unsere Heimat zur tristen Unnatur verkomme, dass sie verstepppen, verfinstern und verwildern würde. Auch Forstleute und Flurbereiniger, Jäger, Fischer, Wasserwirtschaftler und Straßenbauer gehen davon aus, dass der liebe Gott ohne ihre Hilfe seine Schöpfung nicht in Ordnung halten könne.
Neuerdings verstärkt ein Heer von Planern und von Landschaftspflegern die Schlacht um die Aufrechterhaltung der Künstlichkeit in unserer so genannten „Kulturlandschaft". Müssen angesichts solcher Entwicklungen nicht auch wir Naturschützer darüber nachdenken, welche Natur wir eigentlich schützen wollen? Wollen wir eine Momentaufnahme menschengemachter Landschaft für immer konservieren oder wollen wir die Natur an sich schützen?

Wir sollten also wieder viel mehr den Mut zur Wildnis beweisen und uns nicht mit ein paar „Biotopen" – als Landschaftsalmosen sozusagen – abspeisen lassen.
Das bedeutet einige Korrekturen in unserer Denkweise: Die Entrümpelung des agrarpolitischen Märchens vom Landwirt als Landschaftspfleger gehört ebenso dazu wie das Eingeständnis bei uns Naturschützern selbst, dass manche Pflege-Manie letztlich dem anthropozentrischen Wunschdenken entspricht, die Natur so zu bewahren, wie wir sie gerne haben möchten. So verstandener Naturschutz aber ist letztlich auch eine Form von untertan-machen-wollen.

Ist es denn nicht schrecklich, in einem Lande zu leben, in dem ein jeder Quadratmeter „Lebensraum" technokratisch verplant ist, sei es als Wirtschaftsraum und als Entwicklungsachse, als Nutzfläche und Baugebiet oder sei es neuerdings als Zugeständnis „an die Ökologie" eben auch als „Pflegebereich" oder „Biotop". Die Natur wird quasi in die geschlossene Anstalt gesteckt oder an das Sozialamt der Schöpfung überwiesen.
Dieser Denkweise sollten wir die Überlegung entgegensetzen, dass auch die Sukzession ein schutzwürdiges Gut ist und dass wir auch Freiräume für die Evolution offen halten sollten.
Warum ergreifen wir beispielsweise nicht die historische Chance, angesichts der agrarpolitischen Situation in Mitteleuropa einige Brachlagen einfach sich entwickeln, sich wieder bewalden, einfach sein zu lassen? Oder in den Flusslandschaften

ein paar hunderttausend Hektar Auen zum Schutz gegen Hochwässer entstehen zu lassen?

Ist das Entstehen von Haselnusshecken, Birkendickungen, eines Wacholderhanges oder eines Erlenbruches denn ein Unglück, auch wenn das zum Artenwechsel führt? Entsteht nicht wundervoller neuer Laubwald nach dem Borkenkäfer-Zusammenbruch in den Hochlagen-Fichtenwäldern?

Wenn wir das Recht der Wildnis wieder mehr respektieren, müssen wir manches statische Naturschutz-Management aufgeben zugunsten des ewigen Fließens und des Wiedererstehens aus der Endlichkeit.

Vielleicht sollten wir daher wieder etwas gespüriger werden für Lebensabläufe. Vielleicht müssen wir auch unser Naturschützer-Verhältnis zur Natur neu überdenken im Sinne einer Zukunfts-Ethik, die der Landschaftsgeometrie entsagt und sich dem Sein und Sein-Lassen zuwendet. Ohne dabei anthropozentrisches gegen biozentrisches Denken auszuspielen. Aber in der eher spirituellen Ahnung, dass wir eine gemeinsame Erde, ein gemeinsames Lebewesen sind.

Mut zur Wildnis, das ist auch der Mut zur Selbstbeherrschung. Zum Schauen statt zum Tun. Das Nicht-Einmischen in die ganz Anderen. Nichtstun als Naturschutz. Der Respekt vor Heiligtümern, das Hintanstellen unserer arteigenen Arroganz gegenüber dem Rest der Schöpfung.

Dann wird uns plötzlich klarer, warum zum Wesen des Waldes auch Luchs und Wildkatze gehören, selbst wenn wir sie nicht zu Gesicht bekommen. Dass die Biberspäne am Ufer dem Fluss ein Stück Geheimnis zurückgeben und der Flügelschlag eines Apollofalters den Heidehang heiligt.

Wildnis ist eine Absage an die Ordnung, an das typisch deutsche, so schreckliche Verplant-Werden eines jeden Quadratmeters und an die Vertreibung der letzten Geheimnisse und Märchen aus der uns umgebenden Welt. Wildnis ist eine Kultur wider das geradlinige Denken, wider alle „du darfst, du sollst, du musst" – Zwänge, mit denen Staatsmacht und Religionen unsere Seelenwildnisse gerodet und die kreatürliche Gespürigkeit flurbereinigt haben. Aus der Wildnis lebendiger Herzen haben sie disziplinierte Kulturmenschen geformt, deren Fäden zum Lebendigen zu zerreißen drohen. Deshalb muss Wildnis kein Urwald, kein Wildfluss, kein Wolfsgeheul sein.

Wildnis ist überall, wo wir sie zulassen: Im chemiefreien Hausgarten, in Wäldern, in denen der Luchs geduldet wird oder in einer Gesellschaft, die Wildnis denken lässt.

Diese Gesellschaft, in der wir leben, ist seit der Aufklärung – das sind immerhin ein Dutzend Menschengenerationen lang – dem Irrtum nachgelaufen, den Geist von der Seele abzukoppeln und so ist unsere rechte Gehirnhälfte hoffnungslos verkümmert. Deshalb fällt uns auch das Gespräch mit Bäumen oder die Liebe zu Schmetterlingen so schwer. Und es wird evolutionärer Zeitläufe bedürfen, diesen Generationen-Irrtum zu überwinden.

Vielleicht kommt es aber auch viel schneller, denn je größer der globalisierte Leidensdruck der Wildnis-Ferne wird, um so mehr wächst die Chance eines seelischen Quantensprunges: Nicht „zurück zur Natur", sondern „heim in die Wildnis".

Dorthin, wo wir sein dürfen, wie wir sind, leben, lieben, essen, trinken, schlafen, faul und schwach sein, beten, lachen und tanzen. Wild sein und einfach leben. Wildnis ist also eine Denkweise.

Wildnis ist die Lust, den Garten Eden nicht zu mähen, sondern gelassen auf das Paradies zu warten. Wildnis ist Träumen statt Aufräumen. Wildnis ist das Gespräch mit der Natur statt über die Natur.

Globalisierung und Klimaveränderung sind die Eckpfeiler eines Paradigmenwechsels, der zur Herausforderung für einen neuen Kulturentwurf wird.

Vor diesem Hintergrund bekommt eine „Philosophie der Wildnis" eine neue Dimension: Brauchen wir nicht auch Brachflächen, auf denen sich neue gesellschaftliche Kulturen entwickeln können, so wie die Sukzession zu neuen Tier- und Pflanzengesellschaften führt?

Der Begriff Wildnis ist mit neuen Inhalten zu füllen, Wildnis wird zum Ort der Sehnsucht und des Aufbruchs.

Wildnis ist überall, wo wir sie zulassen.
Damit wird „Wildnis" zur Überlebensphilosophie und zur Gesellschaftspolitik.

Wildnis wagen

mehr Demokratie wagen
hat
Willy Brandt
gesagt
mehr Freiheit wagen
sagen sie alle
aber
mehr Wildnis wagen
macht sie unsicher
obwohl das
doch kein Wagnis
sondern Nichtstun
bedeutet
aber Nichtstun
ist nichts
für Feiglinge
indem
jemand
Wildnis wagt
wagt er
den Konflikt
zwischen
schlampig
und aufgeräumt
zwischen
fleißig
und faul
zwischen
Außenseiter sein
oder
etabliert sein
zwischen
Spießbürger
und
Weltbürger

mehr Wildnis wagen
heißt auch
mehr
Toleranz
mehr Demokratie
und mehr Freiheit wagen
Wildnis
ist ein
ökologisch –
humanitäres
Gesamtwagnis,
weil
die innere
und die äußere
Wildnis
unteilbar
sind

Hubert Weinzierl, Jahrgang 1935, Wiesenfelden

Wolfgang Peham

VERBUNDEN SEIN

Der Titel „Der Wald in uns" erinnert mich daran, wie bedeutsam es ist, in der Natur zu Hause zu sein. Jäger- und Sammlerkulturen sind für mich das beste Beispiel von „in der Natur zu Hause sein".

Unsere heutige Kultur hat ja eine etwas eigenartige Sichtweise auf diese steinzeitliche, wie wir sagen, primitive Lebensweise. Primitiv hat bei uns einen abwertenden Charakter, obwohl es sich vom Wortsinn her von Primus – der Erste – ableitet. „First Nations" ist z. B. die offizielle Bezeichnung aller indianischen Mitbürger in Kanada. In unserem Sprachgebrauch wollen wir mit „primitiv" ausdrücken, dass die nichts drauf hatten. Nun, wahrscheinlich ist genau das Gegenteil der Fall.

Zu Hause sein bedeutet, dass man sich zutiefst in der Gegend, in der man wohnt, auskennt. Auskennt in einem Maße, das uns heute eigentlich gar nicht mehr bekannt ist.

Man muss sich mal folgendes vorstellen: Um uns herum sind alle Grundstücke vergeben. Jeder wohnt Nachbar an Nachbar. Seien diese Mäuse, Hasen, Rehe oder seit neuestem: Wölfe oder auch Vögel – alle haben sie ihr Revier oder halten zu gewissen Jahreszeiten ihr Revier. Auf jeden Fall ist aller Platz vergeben und alle, die da wohnen, kennen sich untereinander.

Wir als Menschen sind mittendrin und wissen genau, wer wo zu Hause ist. Wir wissen, wo die Tiere schlafen, wo sie essen gehen, wie sie sich finden, wann sie ihre Kinder kriegen, wie sie diese aufziehen. Wir kennen all ihre ganzen Gewohnheiten und Gesetzmäßigkeiten, wissen, wann die Tiere wo zu finden sind. Dasselbe mit den Pflanzen.

So haben die Menschen früher als Jäger und Sammler gelebt. Sie haben meistens nichts in die Erde gesteckt, um etwas wachsen zu lassen, aber sie haben den Wald als eine Art Garten betrieben. Zum Teil kennen wir das heute noch. Ich bin in den 50er Jahren in Österreich aufgewachsen. Unsere Familie hatte, wie andere Familien in den kleinen Dörfern auch, ihre Plätze, wo wir Pilze fanden und wo wir entsprechend den Jahreszeiten die verschiedenen Beeren pflückten. Wir wussten immer, wann wo was reif wird. Und wir haben diese Plätze unterstützt und gepflegt. Care taken ist ein englischer Ausdruck dafür. Das bedeutet zum Beispiel, dass wir nie alles von einem Platz mitgenommen oder ausgerissen haben, sondern immer Beeren oder Kräuter für den Bestand da gelassen haben. Das auch deshalb, weil uns klar war, dass nicht wir alleine essen, sondern auch alle Tiere. Diese Haltung war damals natürlich. Der Wald war wie ein „Waldgarten", dem wir immer auch ein bisschen nachgeholfen haben.

Unser Wissen betraf genauso die Geografie. Auch wir Kinder hatten unsere Gegend total im Kopf. Wir kannten auch die Sterne und wussten uns zu orientieren. Es gab eigentlich keinen Aspekt der Natur, den wir nicht miteinbezogen hätten und den wir nicht drauf gehabt hätten. Das nicht deswegen, weil wir extra schlau sein wollten, sondern weil es ganz einfach unsere Lebensart war. Es war das Resultat des ganz normalen Aufwachsens.

Ich bin ganz sicher, dass wir selber zutiefst Natur sind. Homo sapiens ist genau so Natur wie alles andere auch. Wir Menschen sind so gebaut, dass wir tagtäglich von Steinen und Mineralien, von Pflanzen und Tieren was nehmen müssen, um leben zu können. Und wenn man draußen mitten in der Natur wohnt und das alles selber immer tut, dann ist einem das alles auch völlig klar. Ebenso ist klar, dass wir abhängig sind, dass wir nicht leben könnten, wenn wir immer nur nehmen würden. Aus dieser Erfahrung kommt eine gewisse Geisteshaltung an Respekt allen und allem gegenüber. Das geschieht automatisch. Das ist das ganz normale Verbundensein mit der Natur. Man etabliert ganz viele verschiedene persönliche Aufmerksamkeitslinien zur umgebenden Schöpfung. Alles gehört dazu.

An heutigen Beispielen haben wir noch die Aborigines in Australien oder die Buschmannleute im Süden Afrikas. Menschen, die heute noch so leben oder neulich gerade noch so gelebt haben.

Robert Lawlor schreibt in seinem Buch „Am Anfang war der Traum" über die Aborigines, dass es normal war, dass ein fünf Jahre altes Kind, welches den ganzen Tag draußen war, sich selbst versorgt hat. Alleine. Wohl wissend, was es essen oder nicht essen kann, was giftig oder nahrhaft ist. Dazu braucht man extrem viele Fähigkeiten und Fertigkeiten. Es konnte nicht anders sein, als dass diese Fähigkeiten ins Instinktive übergingen. Diese Kinder wussten vom Gefühl her, wo was zu finden ist. Das sind keine magischen Sachen, sondern so gut ausgebildete Fähigkeiten, mit denen automatisch die instinktive Seite berührt wird. Dieses Zusammenspiel von einem ganzen Bündel an Fähigkeiten und Fertigkeiten, die dann ins Instinktive übergehen, finden wir heute im Hochleistungssport. Man gewinnt kein Tennismatch ausschließlich auf der physikalischen Ebene. Durch unablässiges Training und Lernen steigert man die eigenen Fähigkeiten und Fertigkeiten bis zu einem Grad, an dem man die Grenze zum Instinktiven überschreitet und, wie Sportler das nennen, in die „Zone" eintaucht – ins Instinktive.

Natürlich haben wir überall Verbindungslinien

Wenn man so lebt, wenn man alles genau wahrnimmt, dann hat man natürlich überall Verbindungslinien hin. Dann ist einem alles bekannt. Damit meine ich, dass man weiß, wann im Frühling welcher Busch wo zu blühen beginnt. Man wartet schon darauf, weil es nicht irgendein Busch der Gattung soundso ist, sondern Teil der persönlichen Geschichte, die zu Pflanzen und zu Tieren entsteht. „Unsere Pflanzen" draußen im Wald waren zu meiner Kinderzeit so etwas wie heute die Haustiere oder die Gartenpflanzen.
So entstanden Verbindungslinien: du guckst das Reh an, du siehst es und du bist so nah, dass es dich anguckt und du merkst es. Du siehst dem Reh vielleicht in die Augen, und es kommt eine Berührung zustande.
Das ist nicht nur mit Tieren, sondern auch mit Pflanzen und mit allen lebenden Wesen möglich. Je mehr Linien du hast, desto verbundener fühlst du dich natürlich. Das ist nicht irgendetwas, das intellektuell gut nachvollziehbar ist. Es ist eine Erfahrung, ein Gefühl. Wir können das wieder bekommen, wenn wir nur ein bisschen rausgehen und wieder anfangen, Beziehung aufzunehmen. Deswegen z.B. fühlen sich Angehörige indigener Gruppen nie so alleine wie wir bisweilen in unserer westlichen Kultur. Weil sie verbunden sind, sich verbunden fühlen und wissen, dass sie zutiefst Teil dieser Welt sind.
Gut ist, wenn man ganz viele verschiedene persönliche Aufmerksamkeitslinien zur umgebenden Schöpfung hat – völlig egal, was es ist. Alles gehört dazu.
Wir sind soziale Wesen, und wir bauen immer Verbindungen auf. Wenn wir ein Leben in Häusern gewählt haben und auf die uns bekannte Art leben, dann haben wir Verbindungen zu unserem Haus, zu unserem Zimmer, zu unserer Einrichtung, zu unserem Auto. Wir haben Verbindungen, da wo wir leben und da, wo man uns leben lässt.

Heutzutage ist die Natur weiter draußen. Weiter weg von den Häusern und Wohnungen. Darum haben wir es schwerer, gut mit der Natur in Kontakt zu sein und haben, wenn überhaupt, nur noch wenige Verbindungslinien.
Gerade in der Umweltbildung werden ja immer Konzepte gesucht, die diese Lücke schließen sollen. Sein Verhalten verändert der Mensch allerdings nur, wenn er

Erfahrungen machen darf. Dazu muss man raus, man muss draußen kreuz und quer rumlaufen dürfen, man muss was ausprobieren können und wirklich in Kontakt kommen dürfen. Draußen sich nur was angucken und vor lauter Schutz ja nichts berühren, weil es sonst kaputt gehen könnte, hilft uns nicht weiter. Dieser ganze Schutz hilft nicht, wenn wir die Menschen nicht mit einbeziehen. Miteinbeziehen im Sinne von Erfahrungen machen dürfen. Denn wir Menschen sind die, die zerstört haben und nur wir Menschen sind gleichzeitig die, die das wieder verändern können. Das sollten wir nicht vergessen.

Wir haben nicht begriffen, was wir verloren haben

Ich höre häufig von Menschen, dass sie sich nicht mit der Natur verbunden fühlen. Wir sind dahin gekommen, dass Natur für uns nur noch wie eine erweiterte Turnhalle ist. Unsere einzige Naturverbindung ist oftmals, dass wir draußen Sport machen. Wir können ein ganzes Leben lang draußen sein, unsere Freizeit draußen in der Natur verbringen und trotzdem keine Verbindung haben und nichts verstehen. Und der Grund ist nicht, dass wir inzwischen so abgestumpft oder gar so dumm geworden sind. Nein, es ist ein einziger kleiner, aber wichtiger Grund: unsere Aufmerksamkeit ist, wenn wir draußen sind, völlig woanders. Wenn wir draußen Sport treiben, dann haben wir den Fokus ausschließlich auf diesen Sport. Ebenso kann man sein ganzes Leben auf den Bergen herumlaufen und trotzdem nicht viel von der Natur wissen, weil man den Fokus immer woanders hat.

Wir wissen nicht, wonach wir gucken sollen. Wir wissen nicht, was für tolle Sachen es draußen zu erleben gibt. Das liegt einfach in unserer Kultur begründet. Wir gehen heute in den Turnverein oder eben raus, aber nur, um frische Luft zu tanken oder Bewegung zu haben. Das ist auch gut, aber das alleine reicht nicht. Uns ist da etwas abhanden gekommen und das allerschlimmste ist, dass wir gar nicht begriffen haben, was wir verloren haben.

Das zeigen die Handlungsweisen, die man in der westlichen Welt gegenüber der Um-Welt beobachten kann. So, wie wir mit Menschen, Tieren und Pflanzen umgehen, scheinen wir nicht richtig begriffen zu haben, dass wir etwas verloren haben. Im Gegensatz zu einem Forst, den ein Förster bewirtschaftet, sprich: plant, pflanzt, mit ihm Erträge erzielt und in dem alles ordentlich ist, liegt in einem Urwald alles kreuz und quer. Anderes ausgedrückt: im Gegensatz zu einem Forst hat in der Wildnis eines Urwaldes jeder Organismus, einer natürlichen Ordnung folgend, seinen eigenen, ganz bestimmten Platz. Wildnis steht so auch für „Sein gewähren".

Etwas, was wir der Erde, der Natur, den Tieren und Pflanzen in zunehmendem Maße verwehren. Etwas, dass wir auch uns Erwachsenen auf dieser Erde in zunehmendem Maße verwehren. Etwas, dass wir seit Neuestem auch unseren Kindern zunehmend verwehren. Etwas aber, das speziell in jungen Jahren für die Entwicklung von Homo sapiens extrem wichtig ist. Etwas aber, was dem Homo domesticus nur noch selten erlaubt wird.

Diese Tatsache betrifft die ganze westliche Kultur, völlig unabhängig auf welchem Kontinent und auch völlig unabhängig, um welches Volk es sich handelt. Es ist die Kultur, die eine bestimmte Sichtweise fördert oder eben nicht fördert. Es gibt eine gemeinsame Sicht der westlichen Welt auf die Welt. Genauso wie es eine gemeinsame Weltsicht aller Jäger- und Sammlerkulturen gegeben hat bzw. gibt, egal von welchem Kontinent sie sind.

Wie man lebt, das macht den Unterschied aus. Dieses „wie" formt und prägt uns, denn wir kommen als Vertreter der Gattung Mensch sehr unfertig auf die Welt. Wir brauchen als Menschenkinder lange, um alles zu erlernen. Und da greift die Kultur ein, deren „Erbgut" wir dann überall hintragen.

Wildnis, die natürliche Ordnung der Welt

Wir haben in unserer Kultur Gruppen, die Natur gefährlich machen. Ich weiß nicht, aus welchen Grund und ob das nun wirklich nur immer Vorsorge ist. Seit Beginn unserer Zivilisation finden wir eine Tradition, Natur gefährlich zu machen. So wurde Natur zur Wildnis, zu einer „gefährlichen" Sache.

Das Wort Wildnis ist ein Zeichen dafür, dass sich eine Kultur von etwas getrennt hat. Wildnis wurde eingeführt, als wir sesshaft wurden. Zunächst ein kleiner Kreis, dann ein Dorf, der Beginn von Zivilisation. Dadurch wurden plötzlich „die da draußen" oder „das da draußen" eine andere Sache. Eine Benennung musste her und das war Wildnis im Gegensatz zur neuen Errungenschaft Civitas. Folgerichtig wurden alle die, die nicht in Civitas wohnten, sondern wohnten wie eh und je, zu „Wilden". Das ist bis heute so: die, die in der Wildnis leben, sind die Wilden – gefährlich, unberechenbar und nicht kontrollierbar. Wir sind in unserer Kultur ja richtige „Kontrollfuzzis" geworden. Die größten Häuser, die wir haben, sind Versicherungsgebäude. Das hat mit unserem Bemühen zu tun, alles kontrollieren zu müssen. Wildnis kann man nicht kontrollieren und deswegen macht vielen Menschen Wildnis Angst. Man muss raus, man muss sich selbst in die Wildnis begeben, um zu erfahren, dass dies nicht stimmt. Intellektuell lässt sich das nicht gut nachvollziehen.

Wir haben nur eine Welt. Wir können sie aufteilen, weil wir das sowieso gerne tun, in Umwelt, in diese Welt oder in jene Welt. Wir können die Politik aufteilen, in Umweltpolitik, Wirtschaftspolitik oder Familienpolitik etc. Aber wieso eigentlich? Politik ist Politik. Und die sollte u. a. dafür sorgen, dass es den Menschen und der Natur gut geht. So, wie es einfach nur die eine Welt gibt, so gibt es im Grunde nur eine Politik.

Und Wildnis, so meine Definition, ist nichts weiter als die natürliche Ordnung der Welt. Wildnis ist die natürliche Art, wie etwas geht, wie etwas funktioniert.

Energiefluss in Systemen

Wir Menschen haben den freien Willen, darüber sind sich fast alle Philosophien oder Religionen einig. Das heißt, dass wir Menschen im Gegensatz zum Fuchs, zum Stein oder zur Pflanze da draußen mit Hilfe dieses freien Willens alles komplett anders machen können. Wider dem natürlichen Fluss, wider dem Jahreszeitenrhythmus etc. Die Resultate sind dann auch entsprechend.
Wenn man gegen die natürliche Ordnung geht, dann muss man einfach auch wissen, dass die Energie entsprechend anders fließt.
Sehr gut kann man das z. B. bei einer Pflanze sehen. Der Mais wird nicht 40 Meter hoch, der hört irgendwann zu wachsen auf. Ebenso der Baum, nachdem die Energie in das Wachstum ging, geht jetzt die Kraft in die Früchte. Dann ist die Ernte, der Winter kommt und die Kraft geht wieder zurück in die Wurzeln. Auch eine Firma kann nicht nur wachsen, wachsen und wachsen. Auch sie braucht Reserven für andere Zeiten. Vor einigen Jahren haben wir in der „New Economy" gesehen, was geschieht, wenn man diese Gesetzmäßigkeit ignoriert. Wir können sagen: das interessiert mich nicht, ich mache meinen Laden trotzdem so.
Wenn wir auf dem gesamten Planeten permanent gegen die natürliche Ordnung handeln, dann hat das Folgen für unser aller Leben auf diesem Planeten.
Manchmal scheint es gar nicht schlimm, oftmals tut es ja auch nicht weh oder scheint keine besonderen Konsequenzen zu haben. Bisweilen kriegt es auch gar keiner mit. Und doch wirken die Gesetzmäßigkeiten. Ich frage mich, wie die Welt in 20 oder 30 Jahren aussehen wird, wenn wir Regierungen haben, in denen keiner mehr etwas von diesem Kreislauf versteht, weil unsere Kinder dann durch die Erziehung und Ausbildung diese Verbindung nicht mehr haben. Was berührt sie dann noch?

Weltbilder: ein Ergebnis von Aufmerksamkeit und sinnlichem Input

Aufmerksamkeit auf etwas legen, wach sein, da sein, sich bewusst Sein, all das sind zentrale Lernerfahrungen. Schlussendlich kann ich nur das wissen, auf das ich meine Aufmerksamkeit lenke. Von dort, wo ich meine Aufmerksamkeit nicht habe, bekomme ich keine Daten rein. Aufmerksamkeit lenken ist ein Instrument, um über unsere sinnliche Ausrüstung, über unseren Sinnesapparat, Daten von der uns umgebenden Welt zum Gehirn zu leiten. Diese Daten prozessieren wir dann mit dem Verstand. Mit diesen Daten arbeiten wir.
Das ist das, was wir tun, wenn wir sagen: wir denken. Prozessieren von Daten des physikalischen Universums, die über die sinnliche Wahrnehmung in den Verstand gelangt sind.

Wenn man die Aufmerksamkeit ein ganzes Leben lang nur in einem einzigen Sektor hat, dann bekommt man ständig dieselben Daten rein, prozessiert diese andauernd weiter und kommt mehr oder weniger immer zum selben Ergebnis. Die individuelle Sicht auf die Welt wird so erzeugt: Mein Verstand bekommt von dort die Daten, worauf ich meine Aufmerksamkeit lege. Schlussendlich kann ich nur von jenem

Gebiet etwas wissen, auf das ich meine Aufmerksamkeit lenke. Dort wo ich meine Aufmerksamkeit nicht habe, kriege ich auch keine Daten rein.

Das hat in keiner Weise etwas mit Ideologie zu tun. Auch nicht mit schlau oder dumm, mit wissenschaftlich oder nicht wissenschaftlich, mit religiös oder nicht religiös, mit spirituell oder nicht spirituell. Es ist rein biologisch, biomechanisch. Wir sind so gebaut und ausgerüstet.
Die Kultur bestimmt unsere Erfahrungen. Eine Kultur, die nur barfuss läuft, hat andere Erfahrungen als eine, die nur in Schuhen läuft. Das ist so- nichts weiter.

Der Wald in uns

Das Aufwachsen heute ist völlig anders als noch vor kurzem, in den 50er Jahren. Deswegen laufen heute auch völlig andere Kinder herum. Ich hätte nicht gedacht, dass eine Vokabel wie „trittfest" oder „Trittfestigkeit" irgendeinen Sinn machen könnte außer beim Bergsteigen. Ich stelle aber fest, dass Kinder, die bei uns in Camps sind und über die Wiese oder den Waldboden gehen, dass sie überall da, wo es nicht eben ist, Schwierigkeiten haben, ganz normal zu gehen. Das hatte unter uns in den 50er Jahren unter Garantie keiner. Neu sind auch die unglaublich vielen Angebote für Kinder. Viele haben heute, kaum zehn Jahre alt, eine Agenda wie ein Vorstandsvorsitzender. Die Eltern sind dazu da, das Kind überall hinzufahren, damit es seine Verabredungen einhält. Zudem hat die Industrie die Kinder entdeckt und pflastert sie richtig zu mit ganz vielen Sachen, was sie alles tun sollen und was sie alles brauchen sollen und was sie alles anziehen sollen. Kinder haben bereits richtigen Stress und die Natur passt nicht so recht dazu. Die ist eher uncool. Computer sind da cooler.
Wo liegt heute bei unseren Kindern und Jugendlichen die Aufmerksamkeit?
Wer lenkt heute bei unserer jungen Generation die Aufmerksamkeit wohin? Wer lenkt in unserer westlichen Kultur die Aufmerksamkeit von Menschen wohin? Und wo kommt es infolge dessen zu Dateninput? Natur, Wildnis, die natürliche Welt, spielen, wenn überhaupt, zur Zeit eine ganz kleine Rolle.

Wenn wir eine Veränderung wollen, dann müssen wir raus gehen, mit der natürlichen Welt in Kontakt kommen dürfen und mit allen Sinnen ausprobieren dürfen. Wird die Erfahrung nicht gemacht, gibt's keine neuen Daten. Folglich bleibt die Sicht auf die Natur, auf die uns umgebende Schöpfung, auf die Welt gleich und unsere Sicht auf die Welt und unser Verhalten verändern sich auch nicht.

Um Veränderungen herbeizuführen, brauchen wir entsprechende Möglichkeiten. Es geht nicht mehr an, dass der Wald nach wie vor nur für die Holzwirtschaft und für die Jagd da ist. Naturschutz muss auch Menschenschutz sein. Um richtig Mensch sein zu können, richtig Mensch zu werden, müssen wir in der Natur unsere Erfahrungen machen dürfen. Wir brauchen dringend so etwas wie „Lernzentrum Wald", in dem sich Kinder und Erwachsene länger aufhalten dürfen und ihre Erfahrungen machen können. Nur so kann es wieder zu einem Input von Daten über die natürliche Welt kommen. Nur so können wir wieder den Wald in uns spüren.

Wolfgang Peham, Jahrgang 1951, Hannover

Dieser Text basiert auf einem Interview, das Elisabeth Marie Mars
mit Wolfgang Peham geführt hat.

DER WALD IN UNS
WERKSTÄTTEN FÜR KREATIVES SCHREIBEN

SCHREIBEN LERNT MAN BEIM SCHREIBEN

Schreiben ist mehr als das, als was wir es meistens kennen.
Die Theorie und Praxis des Kreativen Schreibens befasst sich
mit fünf Zugängen zum Verfassen von Texten:

1. Sehen – Wahrnehmen, aufnehmen, mit inneren und äußeren Bildern arbeiten.
Wer beim Schreiben sieht, hat schon viel für lebendiges, bildhaftes Schreiben gewonnen
und wird auch bei Leserinnen und Lesern lebendige Bilder auslösen.
2. Spielen – Wir können Buchstaben, Wörter und Sätze als Spielmaterial gebrauchen
oder auch uns selber als Spieler oder Spielerin in einer Rolle begreifen.
Wer beim Schreiben spielt, kann aus Buchstaben und Sätzen Geschichten zaubern.
3. Erzählen – Die größte Fundgrube für Geschichten sind wir selber mit all unseren
Erfahrungen, Wünschen und Phantasien. Wer beim Schreiben spricht, wird besser gehört.
4. Handwerk – Hier ist das Arbeiten am Text gefragt. Das Verdichten, Schleifen und
Polieren an Form und Stil.
5. Botschaft – Denn wir schreiben nicht nur für uns selber, sondern suchen durch den
Text einen Weg in die Öffentlichkeit.

Elisabeth Marie Mars hat im Projekt das Kreative Schreiben als Vermittlungsform
für Naturerfahrung eingeführt und zusammen mit Markus Hirschmann, der die
Sinnesschulungen leitete, besondere methodische Settings entwickelt.

KUMBA

Mein Vater weckte mich früh am Morgen. „Komm", flüsterte er, „lass uns los, bevor die Sonne aufgeht." Ich war in null komma nix aufgestanden und angezogen – mucksmäuschenstill, um meine jüngere Schwester, die im gleichen Raum mit mir schlief, nicht zu wecken. Wie jedes Jahr verbrachte ich mit Vater, Mutter und Schwester die Sommerferien in einem kleinen Ort im Bayrischen Wald. Ich war acht Jahre alt und liebte meinen Vater sehr. Er erzählte wunderbare Geschichten, konnte singen und Mundharmonika spielen, er schnitzte und baute Staudämme in kleinen Bächen. Eigentlich war das Wasser sein Element, er war Schiffsführer im Hamburger Hafen. Auch auf sein Schiff nahm er mich mit. Auch da musste ich früh aufstehen, um mit ihm zur Arbeit zu fahren. Meine Mutter kochte dann Milchsuppe für uns beide, und ich fand mich sehr wichtig.

Aber heute Morgen gab es kein Frühstück, weil mein Vater meinte, es wäre eine gute Übung, mal mit leerem Magen durch zu halten. Weil er es wichtig fand, gab ich mir Mühe, es auch wichtig zu finden. Draußen war es noch recht kühl, die Vögel zwitscherten ihr Morgenkonzert und wir nahmen unsere Wanderstäbe, die mein Vater mit Schnitzereien herrlich verziert hatte – sogar mit meinen Initialen: BK. Ich nahm seine Hand in die linke und den Stab in die rechte Hand und hüpfte neben ihm her.

Ich schaute meinem Vater von seitlich unten ins Gesicht. Er blickte ernst prüfend in den Himmel und fragte mich:" Na, wo geht die Sonne auf, in welcher Himmelsrichtung?" Im Singsang und von einem Bein aufs andere hüpfend, sagte ich meinen Spruch auf: „Im Osten geht die Sonne auf, nach Süden nimmt sie ihren Lauf, im Westen wird sie unter gehn, im Norden ist sie nie zu sehn." Sein Gesicht hellte sich auf, er lächelte stolz, und die Welt war in Ordnung. Schon bald erreichten wir den Wald und er gebot mir, still zu sein. Wir gingen den bekannten Waldpfad Richtung Osten und wir würden auf der Lichtung Rehe grasen sehen und Hasen würden uns über den Weg huschen – so versprach er mir. Dafür wollte ich gerne den Mund halten. Niemals durfte man im Wald unnütze Fragen stellen oder schwatzen. Ich hatte auch aufgehört zu hüpfen. Wir gingen schweigend nebeneinander durch den frühen Morgenwald, und die Vogelstimmen um uns wurden lauter. Ein Hase schreckte auf, und ein Kuckuck kommentierte das.

Viele Jahre später ging ich mit meinen kamerunischen KollegInnen durch den tropischen Regenwald im Südosten von Kamerun und ich erinnerte mich an das, was mein Vater mir über das Schweigen im Wald beigebracht hatte. Wir waren auf Projektreise zu den Pygmäen, um ein Ansiedlungsprogramm zu entwickeln. Die kamerunische Regierung wollte die Waldmenschen in Dörfern ansiedln. Ich wusste, dass die Pygmäen ihren Gott Kumba verehren. Kumba liebt die Stille, und der Wald ist sein Tempel, so sagen sie. Er mag keine Streitigkeiten, keine lauten bösen Worte. Pygmäen halten sich an diese Regel. Sie sind stille, friedliebende Menschen, die sich nicht leicht aus der Ruhe bringen lassen.

Wir gingen durch die tropische Hitze, die Kleider klebten uns auf der Haut, Claude, unser soziologischer Spaßvogel bemerkte, dass er verstehen würde, warum die Pygmäen ein Leben ohne Kleidungsstücke bevorzugen. Das feuchte, tropische Klima zwang uns langsam zu gehen. Wir redeten kaum, die lauten Vogelstimmen waren beeindruckend. Christin sagte mit gedämpfter Stimme, dass ihr im Wald immer ganz heilig zu Mute wird, wie in der Kirche. Meine junge kamerunische Kollegin aus der afrikanischen Großstadt hatte genau das gesagt, was auch ich fühlte. Uns verband ein beschwingtes Gefühl in diesem Wald nahe der Grenze zum Kongo. Wir hingen schweigend unseren Gedanken nach.

Mein Vater hatte es schon gewusst, dass Kumba, der Waldgott die Stille liebt. Er hatte es mir damals zugeflüstert. Er hat mir essbare Pflanzen gezeigt, Baum- und Vogelnamen beigebracht und mich gelehrt, an Wunder zu glauben. Einmal hat er mich zu den „Wackelsteinen" geführt. Das waren große abgeschliffene Findlinge im Wald. Er sagte: leg dich flach auf den Rücken auf die Steine und schaue in den Himmel. Er machte es mir vor und tatsächlich! die Steine wackelten unter mir, als mein Blick den kleinen Schäfchenwolken am Himmel folgte.

Nun waren wir fast oben auf dem Hügel. Ich musste mich beeilen, um mit ihm Schritt zu halten, ein paar Nüsse aus seiner Tasche und das Versprechen, auf dem Rückweg Walderdbeeren zu suchen, ermutigten mich, meinen hungrigen Magen zu vergessen und durchzuhalten. Am höchsten Punkt setzten wir uns auf die Bank am Wegesrand. Mein Vater schaute gespannt zum Horizont, ich tat es ihm nach und dann sah ich sie! Wie ein roter Feuerball ging die Sonne auf. Ich blickte meinen Vater von der Seite an und bemerkte, dass sich rotes Licht in seinem Gesicht spiegelte und ich sah, dass er lächelte, so wie er manchmal meine Mutter anlächelte oder meine kleine Schwester oder mich. Ich tat es wie er und lächelte die Sonne an, bis ich seinen Arm um meine Schulter spürte und er mich ermunterte, zurück ins Tal zu gehen.

Wir hatten den Versammlungsplatz der Pygmäen fast erreicht, als uns eine Horde Meerkatzen über den Weg lief, um sich dann an den Ästen in die Bäume zu schwingen. Sie kreischten und machten lustige Bewegungen. Wir folgten ihnen mit unseren Blicken und lachten über ihre Kletterkünste. Unser Guide bat uns weiterzugehen. Bald würde die Sonne untergehen und man erwartete uns vor Anbruch der Dunkelheit.

Bettina Kieck, Jahrgang 1958, Hamburg

DER WALD IN MIR

Die Luft ist klar, um mich herum in Grün getauchte Lichter und Schatten. Stolz und ehrfürchtig knarren die alten Bäume vor sich hin und die Kleinen tun es ihnen lautlos nach. Das Singen der Vögel ist leiser geworden, fast so, als wollten sie sich der Größe dieses Platzes unterordnen.

Ich atme tief ein und fühle damit ein Stück meiner Kindheit, die in so endloser Entfernung schien. Vor mir tauchen die Bilder aus dieser Zeit auf, als ich gerade sechs oder sieben Jahre alt bin. Die Erinnerung bringt die längst vergessenen Stunden zurück und ich sehe wie …

… wir mit der Sonne im Nacken und einem Rucksack gefüllt mit belegten Broten und Tee, frohen Mutes durch den Wald stapfen. Je näher wir der ursprünglichen Schönheit des Waldes kommen, desto schneller werden meine Schritte und die meines Bruders. Dabei muss ich sehr aufpassen, mich nicht von ihm abhängen zu lassen, denn zwei Schritte von mir sind wie einer von ihm. Fast sieben Jahre Alters- und gut 30 cm Höhenunterschied machen sich doch bemerkbar. Doch dank meines täglichen Trainings auf dem gemeinsamen Weg zur Schule, bin ich bestens konditioniert. So laufen wir durch den Wald und beginnen langsam zu rennen, bis meine Eltern als zwei kleine Gestalten am Waldrand zurückbleiben.

Soeben hat unser Lieblingsspiel begonnen: Wir bauen eine Waldhütte für notdürftige und ca. 10 cm große Waldbewohner jeglicher Art und Gattung. Die Liste der notwendigen Materialien haben wir bereits im Kopf archiviert und versuchen nun die besten Baustoffe zusammenzutragen. Mit Händen voller Äste, Rinde, Gras und Moos begeben wir uns zum idealen Wohnort und beginnen den Boden zu ebnen. Fachmännisch schiebe ich Tannen- und Kiefernnadeln beiseite, während mein Bruder als Chef-Bauleiter die Äste normgerecht vorbereitet. Daraus entstehen nun die Wände unseres Waldhauses. Unter Anleitung und strenger Aufsicht meines Bruders darf ich ebenfalls die Stöckchen auf die vorgezeichneten Linien in den Boden stecken. Schon nach kurzer Zeit beginnt unser Vorhaben Gestalt anzunehmen. Mein Vater, der mittlerweile die „Baustelle" erreicht hat, gibt kluge Hinweise, während sich meine Muter mit dem Sammeln von weiteren Bau- und Dekorationselementen beschäftigt. Die Dachkonstruktion überlassen wir natürlich den Männern und greifen erst beim Dachdecken wieder ins Geschehen ein. Ein wenig Bedenken haben wir jedoch, als wir bemerken, dass es keine Fenster gibt und die offen stehende Tür die einzige Lichtquelle für das Haus ist. In der optimistischen Annahme, dass die zukünftigen Bewohner sich damit arrangieren werden, bauen wir weiter. Der Höhepunkt für mich ist, als ich die schweren Moosstücke, die wir immer mit etwas Erde aus dem Boden brechen, auf die Stock-Dachkonstruktion legen darf. Dabei bin ich besonders vom Grün und von der Weichheit dieses Baustoffes angetan ...

An dieser Stelle beginne ich das Moos unter meinen Füßen zu fühlen. Ich bin keine sechs Jahre mehr alt, sondern wieder die erwachsene junge Frau. Und noch immer hinterlässt dieses Geschöpf der Natur einen bleibenden, wohligen Eindruck bei mir, und ich atme noch tiefer den Wald ein. Auf wunderbare Weise fühle ich mich leicht und befreit. Befreit von der Enge und Eintönigkeit meines Lebens. Hier mitten im Wald und inmitten meiner Erinnerungen beginne ich wieder die Vielfalt und Schönheit des Lebens zu fühlen. Ich vergesse die lästigen Pflichten, lasse die Gedanken an die Arbeit ebenso wie die nichtigen und doch so bedrückenden Probleme hinter mir, bis nur noch ich ganz allein übrig bin. Und dann endlich lasse ich den Wald in mir Gestalt annehmen, auf meine eigene abstrakte und verdrehte Weise. Ich spüre, wie sich meine Wurzeln in den Boden tasten. Sie ziehen nach rechts und links, streiten sich noch ein wenig über den besten Platz zum Bleiben. Derweil wächst ein Spross daraus empor, in sich mein Herz tragend, welches die Mitte einnimmt. Rundherum spannen sich die einzelnen, noch zählbaren Ringe. Und süchtig nach neuen Abenteuern und Leben strecken sich die Äste der Sonne entgegen. Sie tragen bunte und graue Früchte, gleichsam meine schönen, überwältigenden, traurigen und schmerzhaften Erlebnisse. Auf wundersame Weise ergänzen sie sich und bilden eine untrennbare Einheit. Sie sind Vergangenheit, Gegenwart und warten sehnsuchtsvoll auf neue Geschichten aus der obersten Zone. Aus diesem Archiv muss mich auch die Erinnerung an die Waldhaus-Bauzeiten eingeholt haben. Vielleicht um mir zu zeigen, was das Leben wirklich ausmacht oder was der Wald in mir bewirken kann.

Und da ist er also, der Wald oder besser gesagt: der Baum in mir. Es ist eine seltsame Vorstellung, sich auf solch ein Experiment einzulassen und eins mit diesem Element zu werden. Nun möchte ich diese ungeheure Kraft in Anspruch nehmen, um in meinem Leben etwas zu ändern. Endlich einen Neuanfang wagen, den ich solange vor mir her geschoben habe, in der fälschlichen Annahme, nichts ändern zu können.

Sandra Naumann, Jahrgang 1977, Potsdam

BRIEF AN EINEN BAUM

Mein lieber Freund,

würdig und stark stehst Du da, trotzt allen Stürmen! Ich bewundere, wie prachtvoll Du bist. Ich atme die frische Luft, die Du uns zum Atmen gibst und bin betört vom Duft Deiner Blüten. In Deinem erfrischenden Schatten halte ich inne, komme zur Ruhe. Bei Dir finde ich Zeit zum Vergessen, Nachdenken, Träumen und Hoffen. Dein Holz baut uns Häuser und Brücken. Deine Früchte geben uns Kraft zum Leben. Und zum Streben nach größeren Sprüngen. Bisweilen bis zum Mond, Mars und weiter. Du gibst, wir nehmen. Geht es Dir gut, geht es auch uns gut. So war es schon immer.

Doch etwas ändert sich, merkst Du es auch?

Ich sehe Verletzungen in Deiner Rinde, sterbende Äste und welke Blätter. Bekümmert ahne ich, dass die Wunden bald bis in Dein Mark reichen könnten.

Vorboten? Wovon?

Ich erschauere. Mein schlimmster Alptraum, geträumt an kalten, trüben Dezembertagen:

Der Winter geht, warme Sonnenstrahlen tauen die erstarrte Erde auf. Voll ungeduldiger Erwartung sehne ich das Erwachen der Natur herbei, den Ausbruch frischen Lebens aus dem langen Schlaf.

Doch der Frühling von einst, es gibt ihn nicht mehr. Das Leben wird nicht wiedererweckt. Du treibst kein frisches Grün hervor, sondern bleibst kahl, in Dich gekehrt. Kein Käfer labt sich an Deinem Laub, kein Vogel baut ein Nest in Deinen Wipfeln.

Verzweifelt suche ich die Erinnerung an den Duft frischer Blüten, das lustige Geschrei von Drossel und Sperling, das satte Gefühl sprießenden Lebens.

Doch meine Sinne sind stumpf, ich spüre nur die traurige, staubige Erde zu meinen Füßen. Der Lebensnektar ist versiegt, der Kreislauf durchbrochen. Schweigen. Stille für immer.

Bedrückende Hirngespinste grauer Wintertage.

Du lächelst über meine Sorgen. Du fragst nicht, klagst nicht.

Voller Zuversicht produzierst Du Deine Samen. Das ermuntert mich. Deine Nachkommen werden die Wunden zudecken, die wir der Welt zufügen. Mit jedem Deiner Keimlinge sähst Du auch in meinem Herzen Hoffnung und Vertrauen.

Hoffnung für unsere gemeinsame Zukunft. Und Vertrauen in unser beider Standhaftigkeit, die bevorstehenden Stürme zu überdauern.

Du und ich – gemeinsam.

Ach, wie gerne würde ich Dir versprechen, dass ich überzeugt davon bin!

Schicksal? Daran glaube ich nicht. Es ist an uns, das Leben zu gestalten. Die Zukunft liegt in unseren Händen.

In Deinem Schoß finde ich Trost. Und Gedanken für fröhlichere Träume: Für eine Zeit von Verständnis, Rücksicht und Achtung.

Ich gehe. Du bleibst. Den Blick nach vorn, tapfer und unverzagt.

Halt Dich gut fest! Deine Wurzeln sind auch die meinen.

Richard Harnisch, Jahrgang 1977, Berlin

DRINNEN

Und es ist still in mir
Silbern meine Gedanken
Recken ihre Zweige zum Himmel
Dem Wolkenschiffchen
Hinterher schauend
Das in Blau seine Bahnen zieht.

Nackt meine Gedanken
Darauf wartend
Sich am Stamme entlang zu entfalten
Um im Grün
Des Frühlings zu bestehen.

Und es ist laut vor mir
Aus der Welt neben dem Wald
Dröhnt es hinauf
Und fällt leise zu Boden
Der sich noch einmal zeigt
Bevor das grüne Licht
Sich zu ihm legt.

Elisabeth Marie Mars,
Jahrgang 1951, Münster

DIE KAMERA IM KOPF

Verschiedene Teilnehmende schreiben aus unterschiedlichen Perspektiven am gleichen Ort

Perspektive: Medizinstudent, 1. Semester, Studienplatz auf Wartesemester, mit Kommilitonen auf Lehrforschung im Wald

Wir haben eine halbe Stunde Fußweg hinter uns, die ersten haben ihre Brötchen ausgewickelt, dreimal hat ein Handy geklingelt, ich für meinen Teil bin in Sorge, ob ich auch wirklich alle Instrumente eingepackt habe. Es wird sich gleich herausstellen.

Wir sind stehen geblieben und betrachten die Form. Etwas Mächtiges ragt aus dem Boden. Mehrere Stränge sind zu sehen, zwei ziehen sich bis in den Himmel. Womöglich viel imposanter ist, was wir nicht sehen können. Sicher in die Erde eingebettet, diese an der Oberfläche mit Laub bedeckt: Das Herz. Es ist ein riesiger Muskel, fest eingeschlossen, alles geht von hier hinaus und von dem, was wir hier sehen, kann man zutreffend sagen: es ist fest verwurzelt. Das ist gut so, so wird nichts verrutschen können.

Was von der gewaltigen Kapsel aus dem Boden herausragt, sind schwere Stränge, Zu- und Ablauf, hier zirkuliert der Stoffwechsel, bis in den fernen Himmel ragen die beiden mächtigen Adern. Gerade, kräftige Schläuche. Es besteht kein Zweifel: in ihrem Inneren würden sie alle wichtigen Essenzen bis ganz nach oben und wieder hinunter bringen. Zu dem Bild über der Erde gehören aber auch – und deswegen waren wir hergekommen – die drei Stümpfe. Drei ehemalige Stränge, für weitere Zufuhr von Nährstoffen und Schönheit, vermute ich. Sie sind gekappt, abgesägte Stümpfe nur noch, wir sehen die Ringe jedes einzelnen vergangenen Jahres, das Mark, die angeschnittenen Fasern, das erste Moos, das sich auf die noch recht frischen Schnittflächen legt. „Dieses Herz ist angeschlagen" höre ich meinen Nachbarn sagen, „es wird mit nur zwei Strängen leben müssen, zwei guten, immerhin gesunden Adern und drei verstumpften".

Aber das Ziel unserer werdenden Profession ist Einsatz, nicht Resignation. „Lasst euch was einfallen" mahnt der Professor. Und ich überlege noch, ob ich dafür meine Instrumente brauchen würde.

Pamela Jäger, Jahrgang 1964, Berlin

Perspektive: Besucher aus Burkina Faso. Zum ersten Mal in einem deutschen Wald auf Exkursion.

Sie waren zu fünft und sind jetzt zu zweit. Drei Bäume sind abgeschnitten worden und zwei halten sich noch fest. Das Dorf ist nicht weit weg. Wir kommen ja gerade daher. Bei uns würden diese Bäume nicht geschnitten. Wir sagen: in ihnen wohnt die Seele des Dorfes und wer würde es wagen, an der Seele des Dorfes rum zu schneiden? Diese Frau oder dieser Mann, die das tun, könnten nicht wieder ins Dorf zurückkehren. Ich habe solche für mich neuen Worte gehört, wie Revierleiter oder Oberförster. Hört sich wie ‚weit weg' an. Vielleicht ist das das Geheimnis. Der Grund dafür, dass wir hier viel mehr gefällte Bäume in unmittelbarer Nähe der Dörfer sehen.

Wir glauben auch, dass Bäume nachts wandern. Aber diese sehen nicht aus, als ob sie selber ihre Wurzeln rausgerissen haben und auf Wanderschaft sind. So abgeschnitten, können sie ja nirgendwo ihre Wurzeln wieder versenken. Wenn bei uns die Bäume wandern, nehmen sie manchmal die Gestalt von Menschen an, um ihnen nahe zu sein. Ich habe mal von einem Baum gehört, den ein Mann mit seiner großen Liebe in eine Frau verwandelt hat – woraufhin sie ihn mit ihrem natürlichen Wissen beglückte. Aber junge Männer aus dem Nachbardorf beneideten diesen Mann und raubten die Frau. Um ihrem Mann treu zu bleiben, ging sie zurück an die alte Stelle und verwandelte sich wieder in einen Baum. Und wo sind die drei? Die Spuren im Wald sehen nach Kampf aus oder nach Maschinen. Vielleicht sind es die Abdrücke von einem Harvester – auch ein neues Wort für mich. Und welchen Spuren folgen Pamela und Sandra? Noch verstehe ich nicht, was wir im Wald suchen.

Aber es ist schön. Wir sitzen hier zu dritt und zusammen sind wir wieder fünf.

Elisabeth Marie Mars, Jahrgang 1951, Münster

Perspektive: Acht Jahre alter Junge, verbringt nach der Schule viel Zeit in einer Tischlerei und träumt von einem Spielzeugauto

Das Holzauto

Es ist kurz nach Mittag. Mein Magen knurrt ein wenig, doch ich mag das mit Blutwurst belegte Brot nicht essen. Wie oft habe ich meiner Mutter schon gesagt, dass ich das nicht essen kann und wahrscheinlich dagegen allergisch bin. Doch sie lässt sich davon nicht beeindrucken und sagt, wenn man groß und stark werden will, geht kein Weg an etwas Blutwurst vorbei. Also werde ich mir noch eine bessere Strategie ausdenken müssen.

Doch jetzt stehe ich schon vor Herrn Ratzemeiers Werkstatt, aus der es so herrlich nach Holz duftet. Herr Ratzemeier ist nämlich Schreiner und macht die schönsten und wundersamsten Sachen aus Holz: Stühle, Obstschalen, Regale, Brettchen und auch Sachen, die er „Kunstobjekte" nennt. Was er damit will oder wer so etwas kauft, weiß ich nicht. Auf jeden Fall ist Herr Ratzemeier ein Könner und trägt seinen Namen zu Recht.

Denn, wenn er das Holz zersägt, klingt es Ritz-Ratz-Ritz-Ratz. Manchmal benutzt er auch die Kreissäge, dann muss ich mir jedoch die Ohren zuhalten oder er setzt mir Ohrenschützer auf. Ich trete in die Werkstatt ein, schmeiße meinen Ranzen – der voll ist mit ungelösten mathematischen Gleichungen – in die Ecke und schaue mir all die neuen Sachen an, die er gefertigt hat. Am Ende schweift mein Blick wie immer zurück zu dem Auto. Ein Spielzeugauto mit großer Ladeklappe und echtem Lenkrad, mit dem sich die Räder steuern lassen. Stolz sagt Herr Ratzemeier „Dieses Auto ist aus echter Traubeneiche, eingeschlagen im hessischen Lande." Ich bin zutiefst beeindruckt, ohne zu wissen, was eine Traubeneiche ist. Ich stelle mir einen Baum vor, der Weintrauben trägt. Ob man diese Früchte jedoch essen kann, weiß ich nicht. Ich nehme mir vor, ihn bald danach zu fragen, denn schließlich will ich auch mal ein Holzexperte werden.

Oft stehe ich vor diesem Auto, welches einmal rot lackiert werden soll. Noch kann man die dunklen Kreise erkennen, wo einmal Äste waren. Und es riecht so gut. Neulich habe ich ein ähnliches Auto im Schaufenster von Meiers Spielzeugladen gesehen. Es sollte 14,99 Euro kosten. Doch meine Mutter meint, dafür haben wir im Moment kein Geld, schließlich müssen wir bald ein neues echtes Auto kaufen. Und außerdem hatte ich ja gerade Geburtstag und hätte viele tolle Geschenke bekommen. Ich finde die Hose, Socken und das Puzzle doof, aber was wissen denn Mütter schon von den Wünschen eines achtjährigen Jungen? Statt weiter darüber nachzudenken, biete ich nun Herrn Ratzemeier meine Hilfe an. „Die Sägespäne müssen zusammengefegt werden und die Holzplatten dahinten sortiert werden." Eifrig mache ich mich ans Werk und während ich gewissenhaft versuche, die Arbeit zu erledigen, erzählt Herr Ratzemeier von Holz. Wo es herkommt, was für verschiedene Arten es gibt und wie jedes Holz eigene wunderbare Geschichten erzählen kann. Dabei lasse ich auch eine Frage einfließen und bitte ihn mir zu erklären, wie eine Traubeneiche aussieht.

Die Zeit verrinnt wie im Flug und viel zu schnell muss ich meinen Ranzen wieder aufschultern und Herrn Ratzemeier Auf-Wiedersehen sagen. Zum Abschied sagt er jedoch, dass ich mich morgen bei der Arbeit konzentrieren müsse, denn schließlich stehe mir die Lackierung des Holzautos bevor. Mit Stolz geschwellter Brust trete ich aus der Werkstatt, drehe mich noch einmal zu ihm um und sehe, wie er mir zuzwinkert. Könnte es sein, dass Herr Ratzmeier die Wünsche eines achtjährigen Jungen kennt?

Sandra Naumann, Jahrgang 1977, Potsdam

Daniela lütke Jüdefeld

DIE TIEFE DES WALDES IN SICH ENTDECKEN

Schul- und fächerübergreifende Projekte wie „Der Wald in uns" beinhalten meiner Erfahrung nach immer die Chance, neue Erfahrungsorte und -felder zu erschließen bzw. innere und äußere Lernbereiche auszuweiten und zu vertiefen.
Das Thema Wald bot diesbezüglich ganz besondere Möglichkeiten, verborgene Potentiale bei den Schülerinnen aufzudecken und auszuschöpfen. Zum einen, weil diese auf vielfältige Weise angesprochen und angeregt wurden – und dabei auch die emotionale Ebene eine große Rolle spielte. Zum anderen, weil die konkreten Lernorte der Wald und die Schule waren.

Fast alle Schülerinnen des Kurses äußerten zu Beginn des Projektes, dass sie positive Erinnerungen und Assoziationen mit „Wald" verbinden. In der Regel galt ihnen der Wald als Stätte kindlichen Spiels, als Raum familiärer Spaziergänge und als Ort der Geborgenheit.
Diese positive Erfahrung (die sicherlich für heutige Jugendliche nicht selbstverständlich ist) war eine geeignete Voraussetzung für die darauf folgenden Aufgaben und Gestaltungen, nicht nur für die im schulischen Kunstunterricht.

Bei den an Wochenenden stattfindenden Arbeitstreffen im Wald gab es verschiedene Möglichkeiten der Selbsterfahrung. Dies aber nicht, wie heute „trendy" als Naturerfahrung bei der Ausübung von Extremsportarten oder beim Austesten von physischen oder psychischen Grenzen während eines

Survival-Trainings. Nein, ganz einfach: die Schülerinnen traten, angeregt durch Sinnes- und Schreibübungen, in ganz persönlichen Kontakt mit dem Wald, begegnetem dem Lebewesen Baum.

Bereits in der ersten Aufgabe, die darin bestand, einen Brief an einen konkreten Baum zu schreiben, ging es um die Wahrnehmung der individuellen Gestalt und des Wesens eines Baumes. Viele Schülerinnen bezeugten großen Respekt und Achtung vor den um ein Vielfaches älteren Naturgeschöpfen. Wie von selbst zogen sie Parallelen zwischen Mensch und Baum, physiognomisch und charakterlich, zwischen Aspekten des gesellschaftlichen Zusammenlebens und der Wachstumsgemeinschaft eines Waldes, zwischen der Würde eines alten Baumes und der Weisheit eines älteren Menschen.
Ganz wesentlich für das Gelingen des Projektes waren diese unmittelbaren Erfahrungsmöglichkeiten im Wald: Mit allen Sinnen wahrnehmen und erfassen, berühren und berührt werden.

Der Wald bestätigte sich, wie schon in Kindertagen, als Ort der Geborgenheit, aber auch als Stätte der Freiheit und als Nährboden der Fantasie. Das Walderleben inspirierte und beflügelte viele Schülerinnen beim Schreiben und beim künstlerischen Gestalten.
Vor allem war es beeindruckend zu sehen und mitzuerleben, dass sich häufig – wie von selbst – eine mystisch-spirituelle Dimension auftat. Neben leichten und kuriosen Geschichten entstanden Texte mit märchenhaften oder geisterhaften Wesen, in der Schwebe zwischen Fiktion und Wirklichkeit, mit offenem oder nachdenklich stimmendem Ausgang.
Da den geschriebenen Ergebnissen an anderer Stelle des Buches Raum gegeben wird, möchte ich im Folgenden zwei künstlerische Arbeiten vorstellen, in denen insbesondere die Aspekte Geborgenheit und Spiritualität ihren Ausdruck finden. Beide Werke zeichnet aus, dass sie den Betrachter sehr direkt ansprechen, ja anrühren, ohne jedoch plump oder vordergründig zu sein.

Ausgehend von dem Bewusstsein, dass die Wälder der Welt (nicht nur) durch ihre Sauerstoffproduktion die Grundlage unseres (Über-) Lebens schaffen, entstand in einer Gruppe von fünf Schülerinnen die Idee, die lebensspendende Kraft des Waldes in einer plastischen Arbeit darzustellen: Ein Fetus geborgen wie im Mutterleib, eingeschlossen in einem ausgehöhlten Baumstamm.

Ein von innen bereits verfaulter Abschnitt eines Baumstammes (Durchmesser ca. 55 cm) wurde mit Hammer und Stemmeisen weiter ausgehöhlt, so dass ein gleichmäßiger Hohlraum im Innern entstand. Die Gestaltung des Fetus war bedeutend aufwändiger und langwieriger. Obwohl ich Arbeitsteilung vorschlug, ließ sich die Gruppe nicht davon abbringen, gemeinsam „ihr Baby zu basteln". Ein anrührender Anblick: fünf junge „Mütter" bei der sorgsamen Erstellung eines rosafarbenen Menschleins aus Draht, Papier und Kleister. Bilder aus dem Internet halfen bei der Findung der Proportionen und der typisch zusammengerollten Haltung.
Abschließend wurde das Baby, von kaum sichtbaren Fäden gehalten, in der Mitte des Hohlraums zentriert angebracht. Eine an der Rückseite angebrachte Lichterkette beleuchtet das friedliche Ensemble. Die Arbeit überzeugt durch ihre Schlichtheit und Klarheit. Die beabsichtigte Aussage ist leicht verständlich und evident.

Eine zweite plastische Arbeit einer einzelnen Schülerin überraschte mich, da sie zu Hause angefertigt wurde, und ich somit mit dem Endprodukt am Ende des Schuljahres konfrontiert wurde:

Ein kleiner Ast mit seitlichen Verästelungen, wie zwei Arme, ist an ein freistehendes Holzkreuz genagelt. Das obere dickere Ende erinnert an einen Kopf und trägt eine vereinfachte Dornenkrone aus Blumendraht. Einzelne Bereiche weisen rote Farbspuren auf. Am Fuß des Kreuzes liegen verschiedene Stücke toten Holzes, Rinde und Teile vom Ästen, ebenfalls teilweise mit roter Farbe überzogen. An der Vorderkante der hölzernen Grundplatte dieser Plastik sind zwei schmale Holzleisten befestigt, die einen eingebrannten Schriftzug tragen.

Hier ist folgendes alttestamentarisches Zitat aus dem Buche Amos, 9,15 zu lesen:
„Ich pflanze sie in ihr Land ein. Und sie sollen nicht mehr herausgerissen werden aus ihrem Land, das ich ihnen gegeben habe, spricht der Herr, dein Gott."
Die Schülerin nimmt hier also Bezug zu verschiedenen biblischen Themen. Zum einen zur im Text geäußerten Heilsversion, das göttliche Versprechen einer Zeit der Sesshaftwerdung und des Friedens für das Volk Israel. Zum anderen wird die Passion und Kreuzigung Jesu dargestellt in Form eines Astes, als Symbol für die gequälte und zerstörte Natur.
Diese Arbeit ist eine eindringliche Mahnung, den Wald zu achten und zu bewahren, anstatt ihn und unsere Lebensgrundlage zu zerstören. Zugleich spricht aus dem angefügten Text, bezieht man die Botschaft auf die Existenz der Bäume, die Hoffung, dass es so etwas wie einen „göttlichen Plan" gibt, der die Schöpfung bewahrt und den Bäumen ihren Lebensraum erhält.

Daniela lütke Jüdefeld, Jahrgang 1964, Münster

Weihbischof em. Friedrich Ostermann

STILLE SEHNSUCHT

Was ist das Wesentliche, das wir Menschen im oder vom Wald lernen können?

Der Wald lädt uns zur Stille ein, zur Besinnung. Er führt uns zu einer tieferen Aufmerksamkeit, wenn wir uns länger im Wald aufhalten. Dann hört man plötzlich den Gesang der Vögel neu oder das Rascheln der Blätter. Er motiviert zu aufmerksamem Hören, man kann hellhöriger werden im Wald.

Man kann auch eine besondere Freude im Wald erleben. Ich erinnere mich an meine Kindheit, wenn wir im Frühjahr darauf warteten, die Buschwindröschen blühen zu sehen oder einen Aronstab im Wald zu finden. Schön sind auch die verschiedenen Formen, in denen die Bäume gewachsen sind oder durch das Wetter geformt wurden – vielleicht auch mal durch einen Blitz.

Der Wald lehrt uns auch die Dimension des Geheimnisvollen, des Heiligen. Früher sprach man mehr vom Hain, weniger vom Wald. Wenn wir den Wald nur noch als Biotop oder in Festmetern sehen, dann haben wir etwas Wesentliches verloren.

Bei der Suche nach dem Wesen des Waldes kann man sich fragen: Wer hat mit

seiner Antwort Recht? Der Dichter? Hat der Holzhändler Recht? Oder der Biologe? Haben die Verliebten Recht? Ich würde sagen, der Wahrheit bin ich nahe, wenn ich all deren Aussagen zusammenfasse. Man kann das eine nicht gegen das andere ausspielen. Wenn der Holzhändler keinen Sinn mehr für die Schönheit des Waldes hat, dann fehlt ihm Wesentliches.

Was geschieht ihrer Meinung nach den Menschen, denen der Bezug zum Wald verloren geht?

Denen bleibt, so glaube ich, eine stille Sehnsucht nach dem, was sie dann nicht mehr umschreiben können. Nach dem, was der Wald ihnen wieder vermitteln könnte. Wir kommen in immer größere Hektik, in ein vermehrtes Funktionalisieren und Funktionieren-Müssen. Aber ohne die Erfahrung von Bäumen, von Wald, von Stille, von Licht und natürlicher Schönheit fehlen uns wichtige Dimensionen menschlichen Lebens.

Der Wald ist uns Kindern zu meiner Zeit nicht zuletzt durch die Märchen nahe gebracht worden. Viele Märchen und Sagen spielen ja weithin in Wäldern und machen uns im Kern auf das Geheimnis des Lebens aufmerksam. Dieser Mythos hat auch immer damit zu tun, dass er auf das Unbegreifliche wenigstens verweist. Wenn man Mythen wörtlich nehmen würde wie Fakten, dann gehen sie genau an der Wahrheit vorbei. Wenn man versteht sie als etwas, was Wahrheit menschlichen Lebens, Wahrheit von Erfahrung verdeutlichen möchte, dann ist man genau richtig.

Natürlich geht auch von diesem, eher mystischen oder spirituellen Verständnis etwas verloren, wenn wir die Beziehung zum Wald aufgeben. Die spirituelle Seite des Waldes findet man in der Stille, die der Wald mir vermittelt oder beim Licht, das die Sonne in den Wald spiegelt. Meistens erlebt man sich im Wald als Beschenkten und das ist für mich der Anfang jeder Spiritualität.

Und genau das kann untergehen in unserer Welt, in der wir immer Macher und so selten Beschenkte sind. Dabei ist das Beschenktsein das Primäre menschlichen Daseins, die Grundlage, mit der wir allen Anderen begegnen. Haben wir nur das Machen im Auge, begegnen wir auch den Anderen anders: dann wird alles zum Rohstoff, auch der Mensch.

Der Wald erlaubt uns, alles als Geschenk zu sehen. Nehmen wir als Beispiel Bäume, die 100 oder 200 Jahre alt sind. Ein solches Alter ist nicht „zu machen", es wächst langsam zu seinen Formen heran. Das Beschenktsein menschlicher Existenz kann mir im Wald sehr deutlich werden.

Welche Verantwortung haben wir Menschen für den Wald?

Ich war neulich in Ghana und wenn man dort durch die Urwaldgebiete fährt, dann sieht man, wie rücksichtslos wir die Natur ausgebeutet und verletzt haben. Es tut einem weh, wenn man das sieht. Wenn man hinschaut, wie wir gewütet haben in den Regenwäldern und auch heute weiterhin wüten. Einen gewissen Trost gibt es dadurch, dass alles verhältnismäßig schnell wieder zuwächst. Aber bis die wunderschönen großen Bäume wieder da sind, werden Jahrzehnte vergehen. Zunächst ist der Regenwald wirklich ruiniert. Und wir haben eine große Verantwortung dafür, dass die Natur, so wie sie gewachsen ist mit all den vielen Arten, mit der Vielfalt an Pflanzen und Tieren, dass sie genau so erhalten bleibt.

Wir können nicht alles Durchrationalisieren – da sind wir wieder an dem Punkt, dass wir alles auf die Ratio setzen wollen – wir brauchen einfach auch das Organische. Und unsere Verantwortung ist, das zu bewahren und zu erhalten. Da drängen sich sofort Fragen auf: Was ist mit all den Abgasen? Wie weit werden dadurch die Bäume geschädigt? Wie können wir der Zerstörung Einhalt gebieten?

Wir wissen, dass alles, was zerstört ist, nur mühsam nach vielen vielen Jahrzehnten wieder nach und nach wächst. Aber wir haben die Pflicht, auch eine intakte Natur für die Nachkommen zu erhalten, auch um der Tiere willen, um der Schönheit willen, um des Baumes willen. Wir haben kein Recht, einfach ausbeuterisch über den Wald herzufallen.

Ist es das, was die Kirche im Grundsatz über „Bewahrung der Schöpfung" sagt?

Der Mensch muss auch seinen Lebensraum haben. Hier in der Nähe haben wir den Ort „Rinkerode". Heißt: da ist ringsherum gerodet worden, damit man Flächen hatte, um Korn und andere Früchte anzubauen. Wenn man den Wald wachsen lässt, wird menschliches Leben wahrscheinlich nicht mehr möglich oder auch erstickt. Deswegen muss eine Balance gefunden werden – zwischen dem, was der Mensch notwendig braucht und dem, was für den Erhalt des Waldes notwendig ist. Die Balance zu finden, scheint mir das Entscheidende zu sein.

Das Christentum, aber auch die Kulturen der Römer und der Griechen haben viele Jahrhunderte lang wenig Gespür für diese Balance gehabt. So wurde z. B. der gesamte Apennin abgeholzt. In Griechenland sind ganze Gebirge wegen der Nutzholzgewinnung kahl geschlagen. In unserem kulturellen Erbe steckt diese Haltung. Erst in jüngster Zeit sind wir nachdenklicher geworden, weil wir inzwischen spüren, wie sehr die Natur und damit auch unser Leben bedroht ist.

Wir besingen die Schöpfung in unseren Volks- und Kirchenliedern. Aber wir müssen zugeben, dass wir im Grunde in der Schöpfung nur Rohstoffe suchen und nicht etwas an sich Schönes, Wertvolles, für unser Leben Unabdingbares. Wir brauchen den Wald nicht nur deswegen, weil er Sauerstoff und Holz produziert, wir brauchen ihn auch wegen seiner Schönheit, denn ohne das Schöne können wir nicht leben.

Welche Bedeutung geben Sie der „dunklen Seite" des Waldes?

Das Geheimnis, die mystische Seite des Waldes hat natürlich auch immer etwas Bedrohliches an sich. Da ist nicht nur das Schöne, sondern auch die dunkle Nacht. In der habe ich einmal eine tolle Erfahrung gemacht: wir kamen spät abends an einer Hütte an. Nachdem wir dort noch länger gesessen und erzählt hatten, war es wirklich dunkel geworden. Taschenlampen hatten wir nicht. So mussten wir im Dunkeln durch den Wald. Den Weg konnte man nicht richtig sehen. Gott sei Dank gab es einen sternenklaren Himmel. Den konnte man auf dem Weg sehen, denn auf ihm waren ja die Bäume geschlagen. Diejenigen von uns, die mit einer solchen Situation schon vertraut waren, guckten also nach oben, um auf dem Weg zu bleiben. Ich hingegen schaute, mühsam nach vorne stolpernd, nach unten auf den Weg, bis mir jemand sagte: „Du musst nicht auf den Weg gucken! Du musst nach oben gucken! Dann läufst du auch richtig über den Weg!"

Das war so ein Ding im Dunkeln, das ich erfahren habe. Das kann ich jetzt erzählen, aber zwischen dem Hören und der persönlichen Erfahrung liegt eine ganze Welt.

Welche Botschaft möchten Sie jungen Menschen mit auf den Weg geben?

Macht Erfahrungen. Geht in den Wald zelten, übernachten. Macht Feuer an und sucht einen Bach in der Nähe. Man nimmt ursprüngliche Wirklichkeit einfach ganz anders wahr, wenn man die Elemente erlebt. Das wäre das Eine.

Das Zweite, was ich sagen möchte ist, dass man seine Erfahrungen noch durch Gedichte erhellen lassen kann. Die Dichter haben nun mal die Gabe, das, was ich selber erfahren habe, auch ins Wort zu bringen. Es klingt dann noch mal neu auf. Die normale Sprache greift das nicht. Aber ich würde das Gedicht gar nicht verstehen ohne meine eigenen Primärerfahrungen. Dann wären es nur schöne Worte. So aber entdeckt man die eigenen Erfahrungen im dichterischen oder deutenden Wort.

Und wenn man nicht im Wald übernachten kann, dann sollte man sich wenigstens hinsetzen und den Wald auf sich wirken lassen. Allein, schweigend oder auch im Gespräch mit anderen. Am besten auf den Boden setzen, Erdhaftung bekommen. Also das fänd ich richtig gut.

Weihbischof em. Friedrich Ostermann, Jahrgang 1932, Münster

Das Gespräch mit Herrn Weihbischof Ostermann führten
Daniela lütke Jüdefeld und Elisabeth Marie Mars.

Dr. Rainer Putz

REGENWALDSCHUTZ

Die tropischen Regenwälder zu schützen und zu erhalten ist eine der vordringlichsten Aufgaben des 21. Jahrhunderts. Der Einfluss der Wälder auf das globale Klima und ihre Bedeutung als Genpool stehen hierbei an erster Stelle. Das sind Tatsachen, die uns alle betreffen.

Allein in Amazonien werden jedes Jahr etwa 20.000 Quadratkilometer Regenwald unwiederbringlich zerstört – zum größten Teil abgebrannt, hauptsächlich, um Flächen für den Sojaanbau und / oder für die Viehzucht zu gewinnen. Dieser gigantische Flächenverlust hat insbesondere für die Artenvielfalt gravierende Auswirkungen. Der mit Abstand größte Teil aller im Regenwald lebenden Pflanzen und Tiere ist bis heute unbekannt. Somit verschwinden mit jedem Flächenbrand Tag für Tag Hunderte an Arten von unserem Planeten, ohne dass diese je bekannt geworden wären. Diese Tatsache erhält in dem Moment eine besondere Tragweite, wenn man sich vor Augen hält, dass eine Vielzahl der in der modernen Medizin verwendeten Medikamente z.B. bei einer HIV Infektion, bei zahlreichen Krebserkrankungen, Herz-Kreislaufmedikamente oder Schmerzmittel auf pflanzlichen bzw. tierischen Wirkstoffen aus den Regenwäldern beruhen. So verlieren wir durch diesen Artenexodus ein gewaltiges Potential für die Arzneimittelforschung.

Die größten, heute noch existierenden Regenwälder am Amazonas werden plakativ oftmals auch als „Grüne Lunge" unseres Planeten bezeichnet, was in ihrer Bedeutung für das Weltklima sicherlich den Tatsachen entspricht. Die Amazonasregenwälder stellen mit ihrer Ausdehnung von ca. fünf Millionen Quadratkilometern eine gigantische Klimamaschine dar, welche den mit Abstand größten Wasserkreislauf unseres Planeten betreibt. So befinden sich am Amazonas 20 Prozent der globalen Süßwasserreserven, der Amazonas selbst, als mit Abstand wasserreichster Fluss der Erde führt mehr Wasser, als die sechs nächst größten Flüsse zusammen. Computersimulationen, welche eine Zerstörung der Amazonasregenwälder vorwegnehmen, prophezeien eine globale Veränderung in der Verteilung der Niederschlagsmengen und –häufigkeiten.

Obwohl die Jahresdurchschnittstemperaturen am Amazonas bisher im Vergleich zu anderen Regionen der Erde nur gering angestiegen sind, zeigt sich doch die extreme Empfindlichkeit dieses Ökosystems. So gab es im Jahre 2005 eine am Amazonas nie gekannte Trockenheit mit verheerenden Folgen für Menschen, Tiere und Pflanzen. Große Nebenflüsse des Amazonas wurden zu Rinnsälen, zehntausende Tonnen an Fischen verendeten, hunderte Dörfer konnten nicht mehr versorgt werden, Brände gerieten außer Kontrolle und vernichteten tausende Quadratkilometer an Regenwald, der wegen der Trockenheit brannte wie Zunder. Forscher befürchten, dass in Folge einer zeitnahen Wiederholung einer solchen Katastrophe riesige Waldgebiete auf Grund des Trockenstresses kollabieren können.

Das Regenwald-Institut e. V. versucht, die Regenwaldvernichtung mit innovativen, wissenschaftlich fundierten und nachhaltigen Projekten zu bekämpfen.
Ausgangspunkt der Projektansätze ist immer die betroffene Bevölkerung vor Ort, weil ein dauerhafter Regenwaldschutz nur unter aktiver Einbeziehung der traditionellen Waldbewohner möglich ist. Hierzu gehören indigene Bevölkerungsgruppen und traditionelle Waldbewohner, wie beispielsweise die Gummizapfer, deren alleinige Lebensgrundlage der Regenwald ist. Ebenso stellt der Wald für weitere marginalisierte Bevölkerungsgruppen (Siedler, Kleinbauern) letztlich ein „Sicherheitsnetz" dar, welches ihnen beim Wegfall anderer Erwerbsquellen zur Existenzsicherung dient. Es ist daher wichtig, die Kleinbauern zu beraten und zu unterstützen, damit nicht bereits nach wenigen bescheidenen Ernten die Nutzflächen aufgegeben und neue Waldflächen gerodet werden, wenn auf den nährstoffarmen Böden mit unangepassten konventionellen Methoden keine ausreichenden Erträge mehr erzielt werden können.

Damit wird auch ein wertvoller Beitrag zur Vermeidung von Konflikten innerhalb der unterschiedlichen Bevölkerungsgruppen geleistet. Für Indianer und Gummizapfer ist die ständige Neurodung von Wäldern durch die Kleinbauern eine schleichende Zerstörung ihres Lebensraumes. Kleinbauern selber fungieren oft als „Handlanger" von Großgrundbesitzern, indem sie die

Wälder roden und nach kurzzeitiger unangepasster Nutzung oftmals von diesen vertrieben werden.

Dennoch bedeutet Regenwaldschutz bei weitem nicht die Ausweisung von unbewohnten Naturschutzgebieten. So gibt es bei Anwendung von Anbaumethoden, die traditionelle Erfahrungen und moderne, wissenschaftlich fundierte Erkenntnisse miteinander verbinden, erfolgreiche Bewirtschaftungsformen, welche neben der Sicherung der Lebensgrundlage der lokalen Bevölkerung auch zum Waldschutz beitragen. Hierzu zählen:

- die kontrollierte und damit nachhaltige Nutzung von wild wachsenden Nicht-Holz-Waldprodukten wie zum Beispiel Samen, Öle, Harze, Pflanzenfasern, Arzneipflanzen. Hierbei verhindern Management-Pläne, entwickelt von Universitäten und lokalen Nichtregierungs-Organisationen eine Übernutzung der Bestände und leisten einen wichtigen Beitrag zur Pflege der genutzten Pflanzenpopulationen.

- auf wieder bepflanzten, vormals gerodeten Flächen kann durch eine vielseitige Nutzung von Baumkulturen in Verbindung mit einjährigen Nutzpflanzen (Agroforst) eine Pufferzone zu den angrenzenden Primärwäldern geschaffen werden. Agroforstkulturen sind artenreiche Pflanzungen in Form einer Vielfalt an nutzbaren Baum- und Straucharten, welche im Gegensatz zu Monokulturen in der Regel ohne Einsatz von Dünge- und Spritzmitteln betrieben werden können. Die Produktvielfalt stellt dabei die Existenzgrundlage der Kleinbauern auf eine breitere Basis.

Durch die vom Regenwald-Institut geförderte Weiterverarbeitung der so gewonnenen Rohstoffe können die Produzenten die lokale Wertschöpfung deutlich erhöhen und ihr Einkommen steigern.
So wird den Menschen sowohl eine dauerhafte und nachhaltige Nutzung der Wälder ermöglicht, als auch eine persönliche, soziale und technische Entwicklung. Sie vermögen, ihre Subsistenz zu sichern aber auch die Regionalmärkte mit in „Agroforst-Waldgärten" erzeugten Lebensmitteln und weiteren Waldprodukten zu versorgen.
Um dabei erfolgreich zu sein, benötigen die Waldbewohner nicht nur Erfolg versprechende Bewirtschaftungsformen, sondern auch eine Infrastruktur, welche ein Leben im Lebensraum Regenwald langfristig sicherstellt:

- eine Energieversorgung, meist fernab des Stromnetzes
- einwandfreies Trinkwasser und grundlegende Hygienestandards
- Gesundheitsversorgung und Schulen
- Verlässlicher Zugang zu Märkten

BEISPIELE FÜR EINE NACHHALTIGE REGENWALDNUTZUNG DURCH TRADITIONELLE WALDBEWOHNER

Die Gummizapfer Amazoniens und die Herstellung von Produkten aus latexierten Baumwollgeweben

Das „Gummizapfen" oder das Sammeln der Latexmilch der brasilianischen Gummibäume (Hevea brasiliensis) hat eine lange Tradition. Sie erhielt einen Aufschwung mit dem Beginn der Industrialisierung Anfang des vergangenen Jahrhunderts insbesondere mit dem Bedarf an Gummi seitens der Automobilindustrie. Da Latex weltweit nur in Amazonien vorkam, war die Latexgewinnung der Grundstein für einen schier unerschöpflichen Reichtum einiger „Gummibarone". Mit dem Schmuggel von Latexsamen nach Malaysia und der dort möglichen Anlage von Monokulturen, war der Kautschukboom in Amazonien schnell wieder vorüber. In den Plantagen war der Latexsaft nun schnell, einfach und billig zu ernten, die strapaziöse Ernte in den schwer zugänglichen und extrem artenreichen Wäldern Amazoniens nicht mehr konkurrenzfähig.

Mit dem Zweiten Weltkrieg kam die Latexernte am Amazonas nochmals kurzzeitig zu einer kleinen Blüte: Mit der Einnahme der Kautschukplantagen in Malaysia durch die Japaner war der kriegswichtige Rohstoff Kautschuk für die Alliierten plötzlich nicht mehr verfügbar. Mit dem Kriegseintritt Brasiliens wurde die Tradition des Gummizapfens wieder entdeckt. Tausende wehrpflichtige Männer wurden zum „Kriegsdienst" als sogenannte „Gummisoldaten" in die Regenwälder am Amazonas geschickt, um dort das kriegswichtige Latex zu zapfen. Dabei gerieten viele dieser Gummisoldaten in eine Leibeigenschaft, die es ihnen nicht mehr ermöglichte, nach dem Krieg in ihre Heimat – meist im Nordosten Brasiliens- zurückzukehren. Die Geschichte dieser Menschen ist von Leid, Entbehrung, Widerstand und Durchhaltevermögen geprägt. Die Nachfahren der Gummisoldaten leben bis heute in den Wäldern und führen ein sehr ursprüngliches und naturverbundenes Leben inmitten der großen Regenwälder Amazoniens. Die Wälder sind nach wie vor ihre Lebensgrundlage und entsprechend groß ist ihr Interesse, diese in ihrem Bestand zu bewahren.

Täglich legen sie weite Strecken durch den Regenwald zurück, auf denen sie die Gummibäume anritzen und den Latex, der später zu Gummi verarbeitet wird, in kleinen Blechbüchsen einsammeln. Mittlerweile gibt es Alternativen für die Gummizapfer, welche heute größtenteils in Kooperativen organisiert sind, ihr Leben und ihre Existenz in den Wäldern zu sichern und zu erhalten. Die Erzeugung eines mit Latex beschichteten Gewebes – das „Pflanzenleder" – bietet eine Möglichkeit, den Gummizapfern durch die höhere Wertschöpfung vor Ort zu besseren Lebensbedingungen zu verhelfen. Die Produktion dieser latexierten Gewebe erlaubt es den Menschen, im Regenwald zu verbleiben und ist gleichzeitig eine Gewähr für den Schutz des Waldes. Beim Produktionsprozess des „Pflanzenleders" wird der Latex in mehreren Schichten auf das Baumwollgewebe aufgetragen. In einer ursprünglichen Produktionsmethode werden die latexierten Tücher im Anschluss geräuchert. Heute existieren auch Techniken ohne Raucheinwirkung, wodurch außer braunem auch farbiges Material hergestellt werden kann.

In speziellen Öfen werden die latexierten Tücher getrocknet. Die fertigen Tücher werden in die nahe gelegenen Städte transportiert, wo sie zu Taschen, Regenjacken, Matschhosen und anderen Produkten verarbeitet werden. Auf diese Weise werden Arbeitsplätze und Einkommen auch für Näherinnen und deren Familien geschaffen.

Die Erzeugung der Produkte aus latexiertem Gewebe erlaubt eine größere Wertschöpfung im Vergleich mit den traditionellen Verarbeitungsmethoden des Latex: Früher verdiente ein Gummizapfer umgerechnet etwa 50 Cent pro Kilo fertigen Gummis, was einem Rohstoffeinsatz von etwa 3,3 Liter Latex entspricht. Heute verdient er circa 2 Euro pro latexiertes Tuch, wofür er für die Latexierung des Tuchs nur 1,3 Liter Latex benötigt.

Im Rahmen von Forschungsprojekten wurde die Qualität des latexierten Gewebes verbessert, um den Anforderungen des Marktes gerecht zu werden. Heute ist es ein Material von guter Qualität, zudem als umweltschonende und giftfreie Alternative zu den Schadstoffbelasteten Produkten aus der PVC-Chemie anerkannt. Das gilt zum Beispiel für Kindermatschhosen und Regenjacken aus latexierten Baumwollstoffen.

Für die Produktion einer Hose benötigen die Gummizapfer ca. zwei Liter Rohlatex. Ein guter Gummizapfer kann an einem Arbeitstag, der morgens um fünf Uhr, weit vor Sonnenaufgang beginnt (bei Tagesanbruch ist der Latexfluss in den Bäumen am größten), 30–40 Liter Rohlatex gewinnen.

Damit die Latexbäume nicht übernutzt werden und eine nachhaltige, schonende Nutzung gewährleistet ist, wurde für das Sammelgebiet im Rahmen eines wissenschaftlichen Monitorings in Zusammenarbeit mit der brasilianischen NGO PESACRE ein Managementplan erarbeitet. So wird das oftmals vorhandene traditionelle Wissen der Gummizapfer sinnvoll ergänzt und wissenschaftlich untermauert.

Die faire Vermarktung dieser Produkte durch den Regenwaldladen ist heute Anlass zur Hoffnung auf eine dauerhafte Verbesserung der Situation vieler Gummizapferfamilien, auf ihr Verbleiben im Regenwald, den Schutz der Wälder und die nachhaltige Entwicklung Amazoniens.

Wildkakao – eine Ressource mit großem Potential zur Verringerung der Armut und zum dauerhaften Schutz der Regenwälder

In einigen Bereichen der Regenwälder Amazoniens existieren ausgedehnte Vorkommen von Wildkakao, welche bisher nicht bzw. in sehr geringem Umfang nur für den Eigenbedarf genutzt wurden. Gleichzeitig zählen diese Regionen – laut offiziellen brasilianischen Armutsberichts – zu den ärmsten Gebieten Brasiliens. Das heißt: die lokale, traditionelle Bevölkerung in diesen Gebieten ist noch ärmer als der ohnehin schon bettelarme Nordosten Brasiliens.

Mit der Implementierung eines Wildkakao-Projektes wird den Bewohnern der Kakaoregion die Möglichkeit geboten, durch die Ernte und Verarbeitung dieser bisher ungenutzten natürlichen Ressource einen wichtigen Beitrag zu ihrer Existenzsicherung zu leisten. Die traditionellen Waldbewohner, darunter auch indigene Bevölkerungsgruppen und einige Mitglieder einer Kooperative, ernten nun die wild im Wald wachsenden Kakaofrüchte und bringen sie zu dezentralen Sammel- und Weiterverarbeitungsstellen, welche in kleinen Dorfverbänden angesiedelt sind. Dort werden die gesammelten Früchte unter fachkundiger Anleitung der lokalen Kooperative aufgebrochen, die Kakaobohnen vom Fruchtfleisch entfernt und schließlich in speziellen Kisten aus Holz fermentiert. Die Güte der Fermentation und die sich anschließende Trocknung der Kakaobohnen sind entscheidend für die spätere Qualität des Kakaos und der daraus hergestellten Produkte. Die fermentierten und getrockneten Kakaobohnen werden anschließend per Schiff zu einem zentralen Lager verfrachtet, in Containern verpackt und einem verarbeitenden Schokoladenunternehmen zugeführt.

Um den Wildkakao zu einer langfristigen und verlässlichen Einkommensquelle für die Waldbewohner zu machen, konnte eine entsprechende Abnahme in der Kakao verarbeitenden Industrie gesichert und eine langfristige Partnerschaft initiiert werden.

Das Wildkakao-Projekt ist ein Paradebeispiel für die Richtigkeit der oft dozierten Wertschöpfungsmodelle, wonach ein intakter und nachhaltig genutzter Regenwald dauerhaft um ein Vielfaches höhere Werte hervorbringt als der einmalige Gewinn aus dem bei der Abholzung erzielten Verkauf des Holzes. Auf diese Weise gibt es bei diesem Projekt nur Gewinner:

- Die traditionellen Waldbewohner – weil sie durch das Sammeln der Kakaofrüchte einen wichtigen und verlässlichen Beitrag zu ihrer Existenzsicherung erwirtschaften können. Dafür sorgt die faire und weit überdurchschnittliche Bezahlung durch das partnerschaftlich gebundene Unternehmen. Darüber hinaus können die Mitglieder der Kooperative an sozialen, medizinischen und logistischen Hilfen partizipieren. All dies ermöglicht es den Menschen, ihr traditionelles Leben in den Wäldern unter erträglichen Bedingungen fortzusetzen und der Landflucht zu entgehen. Gleichzeitig verkörpern sie eine Garantie für den Erhalt der Wälder, welche ihre Lebensgrundlage darstellen.

- Das verarbeitende Unternehmen – weil es sich durch dieses Projekt einen weltweit einzigartigen und qualitativ hochwertigen Rohstoff für eine wirtschaftlich interessante Erweiterung ihres Produktspektrums erschließen und ihre unternehmerische Tätigkeit durch ein vorbildliches öko-soziales Engagement abrunden kann.

- Der Regenwaldladen – weil er durch eine faire Regenwaldschokolade eine attraktive Erweiterung seines fair gehandelten Regenwald-Produkt-Sortimentes aus nachhaltiger Waldnutzung erfährt.

Zur Sicherung der Nachhaltigkeit des Wildkakaoprojektes führt das Regenwald-Institut e. V. unter Mitarbeit deutscher und brasilianischer Studenten eine wissenschaftliche Studie mit dem Ziel durch, eine Übernutzung und Gefährdung der Wildkakaobestände auszuschließen und deren Rolle im ökologischen Gesamtkontext Regenwald zu verstehen.

Die geschilderten Beispiele zeigen eindringlich, dass nachhaltige Nutzungskonzepte mit enger Einbindung der betroffenen traditionellen Bevölkerung wichtige, erfolgreiche Bausteine zum Schutz der tropischen Regenwälder darstellen können. An dieser Stelle muss jedoch betont werden, dass diese, im riesigen Amazonasgebiet bisher nur punktuell durchgeführten Konzepte alleine nicht ausreichen werden, um die Wälder dauerhaft und großflächig vor der Zerstörung zu bewahren. Dazu bedarf es vor allem umfassender und weit reichender Initiativen der brasilianischen Politik, internationaler Aktivitäten und dem daraus resultierenden politischen Druck auf die Verantwortlichen in Brasilien, aber letztlich auch eines Bewusstseins- und Umdenkprozesses der Konsumenten bei uns, in den reichen Ländern des Nordens. So erzeugt zum Beispiel erst unser vielfacher Wunsch nach dem täglichen – und vor allem billigen – Schnitzel die Nachfrage nach Soja, als Futtermittel und Grundlage für unsere Massentierhaltung. Aktuell problematisch ist auch die falsche Vorstellung, mit Pflanzen-Sprit unseren künftigen Energiehunger zu stillen. Dabei packen wir letztlich auch den Regenwald in unseren Tank mit all seinen globalen Konsequenzen. Der Sojaanbau ist heute hauptverantwortlich für die flächenhafte Zerstörung der Regenwälder am Amazonas.

So bekommt die oft gehörte Aussage: „Was geht mich der Regenwald an? Er ist ja so weit weg!" eine ganz andere Qualität. Die Regenwälder und ihre globale Bedeutung sollten wieder vermehrt Eingang in unsere Umweltbildungs-Konzepte finden, denn ein umfassendes Wissen um die globalen Zusammenhänge bei uns kann letztlich einen wichtigen Beitrag für einen erfolgreichen und dauerhaften Schutz der Wälder vor Ort leisten.

Dr. Rainer Putz, Jahrgang 1960, Freiburg

WALDMENSCHEN

Als Waldmensch muss man vieles wissen. Man muss hören können, welche Geschichten die Blätter raunen, was für Gedichte sie wispern. Man muss wissen, wohin all die Bewohner des Waldes gehen, welch verwundenen Netzen sie folgen, auf welchen unterirdischen Pfaden sie kriechen. Man muss spüren können, was die jungen Pflanzen empfinden, wenn die Sonne ihre Strahlen auf sie wirft. Man muss verstehen, warum die Vögel singen und warum der Wind immerzu die Bäume und die Pflanzen neckt. Man muss fühlen können, wie die Bäume sich strecken und verästeln, um stark zu werden, wie sie ihre Wurzeln immer tiefer in den Boden verankern und ihre Äste immer weiter in den Himmel strecken.

Man muss die unsichtbaren Linien sehen, die jedes Lebewesen in das verworrene Netz einbindet, dass die Seele des Waldes birgt. Und wenn man ihnen allen zuhört, die den Wald beleben, dann verheddert man sich nicht in diesem verworrenen Netz, sondern es leitet einen auf unsichtbaren Pfaden zu unerzählten Geschichten und Geheimnissen.

Dorthin, wo das Leben langsam fließt und wo man niemals alleine ist.

Noemi Weber, Jahrgang 1989, Münster

DIE GRÜNEN STÄDTE

Die grünen Städte sind so schön und ich, ich werde sie niemals richtig besuchen können. Ich bin einer von jenen, denen es immer unmöglich sein wird, sie einmal richtig zu besichtigen. Alles, was ich wahrnehmen kann, ist ihr leiser Ruf, der verhallt, bevor ich verstehe, was sie wispern.

Es gibt so viele von ihnen. Fast überall schießen sie aus dem Boden. Auch da, wo man immer wieder versucht, sie auszureißen. Doch, sie entstehen immer wieder aufs Neue und gewähren denen Zuflucht, die ihre bunten Türmchen zu schätzen wissen. Sie sind so stark und finden immer wieder die Kraft, ihre grünen Städte neu zu errichten. Ich wünschte, ich könnte nur eine von ihnen betreten, nur ein einziges Mal. Ich würde mit all den anderen Wanderern ankommen. Ich würde den betörenden Duft in ihren Gassen einatmen. Vielleicht würde ich meinen Blick nach oben richten und die grünen Treppchen erblicken, denen ich dann folgen könnte. Der Duft würde immer stärker werden und ich könnte auf den bunten Dächern herumtollen.

Und manchmal würde ich fallen in einen weichen See aus Duft. Ich könnte in ihrem Zauber ertrinken, in diesem Zauber, der all die Gassen der Stadt belebt und um die Türmchen und Treppen streift. Ich würde mich auch nicht ablenken lassen von all dem wirren Treiben in den engen Gassen. Es würde mich nicht stören, wenn manche eilig die Treppen hoch stürmen, um die Duftseen auszuschöpfen. Nein, das alles wäre mir egal, wenn ich nur einmal die ganze Gegenwart einer grünen Stadt spüren, riechen, schmecken könnte. Wenn ich nur einmal ihre bewegten grünen Mauern um mich wüsste, die mir jetzt den Blick versperren.

Aber es wird niemals so sein. Ich könnte die Mauern der grünen Stadt zerstören, ich könnte sie aus dem Weg räumen und zertreten, ich könnte einen der schönen bunten Türmchen mit samt seinem Dach ausreißen. Doch die grüne Stadt wird mir ihr Geheimnis nie verraten und ich muss ewig vor ihren kleinen grünen Toren stehen, nur um ein bisschen von ihrer Schönheit zu betrachten, ihren Duft zu riechen, ihrem leisen Ruf zu lauschen, um nur einen kleinen Teil von ihr aufzunehmen. Nur einen kleinen Teil ihrer berauschenden Präsenz.

Noemi Weber, Jahrgang 1989, Münster

Text aus der Schreibübung
„Der besondere Ort", vor
einer Ansammlung von
Buschwindröschen

FOTOGESCHICHTE

Ruth Scharnowski, Jahrgang 1989, Münster

DAS HANDELN VON UNS MENSCHEN IST SCHON ZU LANGE UNBEDACHT.

WIR NEHMEN RÜCKSICHTSLOS VON DER NATUR UND ZERSTÖREN SIE.

WIR VERNICHTEN JAHRELANGES HERANWACHSEN, DIE ARBEIT UND DIE KRAFT, DIE ES GEKOSTET HAT.

EGOISTISCHES HANDELN KENNZEICHNET DEN WEG, AUF DEM DIE NATUR SO VIEL ERLEIDET.

DIE NATUR ERDULDETE LANGE ALLES, HIELT ZUSAMMEN …

… UND PASSTE SICH AN.

DOCH UNSER HANDELN HINTERLÄSST SPUREN.

LANGSAM STERBEN DIE NATUR UND IHR GLEICHGEWICHT.

SIE VERNICHTET SICH DABEI SELBST.

EIN HILFERUF, DER NICHT ZU ÜBERHÖREN IST UND UNS ZUM HANDELN BEWEGEN MUSS, DENN URHEBER DER KATASTROPHE SIND WIR.

DESWEGEN SOLLTE SICH UNSERE SICHT WIEDER SCHÄRFEN, UM BEWUSSTER ZU HANDELN.

NICHT JEDER SCHRITT IST UMKEHRBAR UND LÄSST AUS ALTEM NEUES ENTSTEHEN.

WALDPROJEKT

Hannah Kolling, Jahrgang 1989, Münster

FREIHEIT

Am Anfang war er einfach losgestürzt, ohne groß darüber nachzudenken.

Er wollte andere Formen von Liebe und Freiheit kennen lernen und sich von seinem Zuhause trennen.

Seit ein paar Wochen löste er sich Stück für Stück, wenn es auch schmerzhaft war. Er hatte sich fallen lassen und ließ das zurück, woran er hing.

So landete er in diesem neuen Abschnitt seines Lebens. Und war glücklich, dieses neue Gefühl zu erleben.

Doch nun hatte sich seine Situation schon seit Tagen nicht geändert. Dennoch fühlte er sich noch wohl und war zufrieden.

Andere verstanden ihn nicht, sahen sie doch, dass er „zwischen zwei Stühlen saß". Er konnte sich weder für das eine noch für das andere entscheiden.

Und so wartete er und allmählich änderte sich etwas. Er wusste selber nicht genau, was es war. Vielleicht wurde es einfach zu unbequem, denn sein einer Teil musste sich immer neuen Einflüssen anpassen, während sein anderer Teil stets gebunden und gezwungen war, im alten Muster zu verharren.

Und er wollte doch frei sein, nicht länger seine eigenen Wünsche zurückzustellen und ständig den Bewegungen anderer folgen. Er hätte geschrieen, wäre es möglich gewesen. Er wollte etwas ändern, da war er sich sicher.

So ergriff er die Chance: bei der nächsten Windböe, als sich die Bäume und Äste bogen, ließ er sich aus den beiden Astgabeln tragen, die ihn so lange gefesselt hatten.

Froh, endlich frei zu sein, flog der Ast durch die Luft und landete glücklich im weichen Laub.

Ruth Scharnowski, Jahrgang 1989, Münster

METAMORPHOSE

Bonzo hechelte heftiger als jemals zuvor in seinem Leben. Seine Pfoten schmerzten durch die vielen Dornen, die er sich auf seiner Flucht eingetreten hatte. Sein verfilztes Fell nahm ihm die Sicht. Er schaffte es einfach nicht. Seine vernarbte Brust zog sich ängstlich zusammen. Panisch sah sich der große Hund um.

Er konnte die stampfenden Schritte seines Herrn schon wieder hören. Der hielt in seiner rechten Hand eine Schrotflinte, auf seiner Stirn pulsierte eine hervorstehende Ader. Er war voller Zorn. Bonzo fiepte auf. Ein Ton, den man in der ganzen Umgebung hören konnte. Der schlanke Mann mit den grausamen Augen holte unentwegt auf. Dann sah der Hund seinen Ausweg. Dicht vor seiner Nase ragten zwei Bäume in die Höhe. Sie waren dünn und standen nicht sehr weit voneinander entfernt. Die Wurzel des linken Baumes umschlang einen Teil des rechten Baumes so fest und liebevoll, dass Bonzo eine warme Welle der Geborgenheit und Sehnsucht erfasste. Noch nie hatte er eine solche Zuneigung gesehen, wie sie die Bäume einander schenkten.

Auffordernd bellte er sie an. Seine Stimme klang trotz der Angst tief, fast schon drohend. So, als wollte er sagen: Helft mir, so helft mir doch. Die Bäume standen regungslos vor ihm. Erschrocken klemmte Bonzo seine Rute zwischen die Hinterläufe. Hinter den beiden Bäumen wuchs Moos. Es hatte ein sattes Grün. Die Sonne schien darauf und tauchte es in warmes Licht. Orientierungslos hob Bonzo sein rechtes Vorderbein. Wenn er schon sterben musste, dann sollte es an diesem wunderschönen Ort geschehen.

Sein Hecheln wurde schneller, als er sich vorsichtig zwischen die beiden so miteinander verschlungenen Bäume hindurch wand. Erschöpft schleppte er sich hinter den rechten Baum und sank in seinem Schutz zusammen. Nur wenige Sekunden später sprang sein Herr zwischen den beiden Bäumen hindurch und schrie triumphierend auf.

Traurigkeit spiegelte sich in den Augen des Hundes wider, als der grausame Mann seine Flinte hob. In diesem Moment umschloss der linke Baum die Füße des Mannes und wuchs an ihm empor, bis der ganze Mann selbst zum Baum geworden war.

Nina Becker, Jahrgang 1988, Münster

Text aus der Schreibübung „Der besondere Ort" (siehe Foto):
genau dieser Platz inspirierte die Autorin zu dieser Geschichte.

ZITATE AUS DER ÜBUNG „BRIEF AN EINEN BAUM"

ICH HABE NOCH NIE AN EINEN BAUM GESCHRIEBEN, DU BIST DER ERSTE. UND WENN DU SPRECHEN KÖNNTEST, WÜRDEST DU MIR BESTIMMT VIEL ERZÄHLEN.

Ida Grote

TIEF MIT DEINEN WURZELN IM BODEN VERANKERT, BIST DU EIN PUNKT DER RUHE. DEINE ZWEIGE UND ÄSTE STRECKEN SICH DEM HIMMEL ENTGEGEN, ALS WOLLTEST DU DIE SONNE UMARMEN. JEDER MENSCH IST EIN BISSCHEN WIE DU.

Christina Hellermann

BÄUME SIND MENSCHEN VIELLEICHT ÄHNLICH. DENN ES GIBT STARKE UND GROSSE BÄUME, ABER AUCH DÜNNE UND KLEINE. EINIGE BÄUME NEHMEN ANDEREN DAS LICHT UND ANDERE BÄUME KÖNNEN AM BESTEN IM SCHATTEN GRÖSSERER BÄUME WACHSEN.

Lisa Kessler

ICH HOFFE, DASS WIR VERSTEHEN, WIE WICHTIG DIE NATUR FÜR UNSER GANZES LEBEN IST. DIE NATUR WEISS ALLES UND IST DER URZUSTAND UNSERER ERDE.

Justine Tutmann

HIER UNTEN IST AUCH WAS LOS

Aua, voll auf den Kopf gefallen. Und hier soll ich jetzt den Rest meines Lebens verbringen? Oben in der Baumkrone war es viel schöner. Da hatte ich wenigstens eine halbwegs gute Aussicht.

Obwohl: hier unten ist auch was los. Ich sehe Gräser, Blätter, Moos, Stöcke, Wurzeln und viele verschiedene Erdschichten. Und es kriecht hier um mich herum. Der Boden bietet mir ein weiches Bett, die Blätter sind für mich wie ein Sonnenschirm und wenn ich Glück habe, werde ich von einer Spinne weiter transportiert und kann mich in einem Lichtfleck ein wenig sonnen. Der Lebensraum hier ist wie gemacht für mich.

Eigentlich ist es ja gar nicht für mich bestimmt, viel zu erleben. Ob es für den Bach wohl schön ist, immer in Bewegung zu sein? Oder für die Brombeerblüte, die nur so kurz lebt und nach der Fressattacke einer kleinen Raupe weg sein kann? Alles hat seine Vor- und Nachteile.

Wenn man ein so langes Leben hat wie ich, kann man die vielen kleinen Freuden nicht so gut wertschätzen. Für die Brombeerblüte jedoch hat schon der erste winzige Sonnenfleck, der sie berührt eine große Bedeutung. Sie nimmt jede Veränderung des Lichts und den Besuch eines jeden Tieres genau wahr. Ich hingegen bleibe hier liegen, philosophiere für den Rest meines Lebens vor mich hin und gebe mich mit dem zufrieden, was ich habe.

Eva Horstmann, Jahrgang 1989, Münster

Text aus der Schreibübung: Die Kamera im Kopf,
aus der Sicht einer Buchecker

DIE WELT DREHT SICH OHNE DICH

Sie versuchte ihren Blick auf die Spitze des Blattes zu lenken, doch ihr Blick hielt der dunklen Schönheit nicht stand. Sie wurde hineingezogen. Es roch nach Holz. „Wer bist du, dass du es wagst, das Glück mit den Füßen zu treten?" – „Wenn ich das wüsste ...". Sie durchquerte den Raum. Über ihr funkelten die Sterne wie Silbermünzen. Wie ein Piratenschatz.

Sie gelangte an eine Tür. Geschnitzter Efeu berankte das dunkle Holz. Auf ein einladendes Knarren hoffend, drückte sie auf die schwere Klinke. Es blieb still, und sie begann zu befürchten, was sich schon längst bestätigt hatte. Noch einmal atmete sie tief ein. Der Duft der warmen Welt versuchte ihr zu schmeicheln. Doch sie trat ein. Sie stand auf einer großen steinernen Säule, wie ein Denkmal, das mit Ehrfurcht betrachtet, aber nicht verstanden wird. Über ihr schwebte ein mächtiger Vogel. Es mochte ein Adler sein, doch es spielte keine Rolle, denn weder ihm, noch ihr war die Tiefe seiner Seele bewusst. Langsam glitt er durch die Luft, seine Schwingen hoben und senkten sich, er schrie laut. Alle seine Träume verließen seinen Schnabel und schienen sich in ihren Ohren einnisten zu wollen.

Und auf einmal verstand sie das zerstörerische Wesen des Menschen und sie begriff, weshalb sich die Welt auch ohne sie drehte. Da schleuderte sie in einem einzigen Schrei die fremden Träume zurück und sprang.

Luisa Pelz, Jahrgang 1990, Altenberge

WALDMEER

... Zum dritten Mal sitze ich hier, auf diesem gefallenen Baum. Heute schreibe ich darüber, woran mich der ganze Wald um mich herum erinnert.

Früher, als ich noch ein kleines Kind war, konnte ich mir bei meiner kranken Fantasie und beim besten Willen nicht vorstellen, wie man nur irgendwo leben kann, wo kein Meer ist. Diesen Gedanken fand ich einfach absurd. Ich dachte, dass ich nicht überleben könnte, würde man mich von meinem Meer wegbringen. Von meiner grenzenlosen Freiheit, Leichtigkeit, Gemütlichkeit, Sinnlichkeit, Leidenschaft und Herausforderung. Im Meer immer wieder auf's Neue den Herausforderungen zu begegnen: in der Tiefe, auf und unter den Felsen, über den dunklen und steilen Abgründen, zwischen den hohen Wellen. All dies bedeutete für mich Herausforderung.

Und welche Herausforderungen sollen Menschen ohne diese Meeresgewalt haben? Woran können diese Menschen denn ihren Willen trainieren?

Später durfte ich mir diese Fragen selbst beantworten. Diese Menschen haben ihr Meer. Ein Meer aus Bäumen. Nur unterscheiden sich diese Meere von einander so tiefgründig. In der Gegend, in der Welt, in der ich jetzt lebe, gibt es keine Berge wie in meinem ersten Leben. Die früheren Tsunami-Wellen sind hier durch ruhiges Meer ersetzt. Durch stille Wasser ... und stille Wasser sind tief. Verdammt tief ... und in dieser Tiefe sitzend, versuche mal still zu bleiben!

In dieser bestimmten Stille habe ich schon einmal mit meiner Tiefe gekämpft. Das Erlebte überdacht, Alternativen ausgedacht, die Frustration raus gelassen und über die kleinen Freuden des Lebens gelacht.

Und dem Existieren an sich hinterher gespürt: In dem ganzen Chaos, welches in den Wäldern herrscht, dominiert auf der biologischen Ebene die Freundschaft zwischen den Pflanzen- und den Tierarten. Das Gefühl der Verbundenheit der Arten in- und untereinander formt in dem Wald eine Seele, die auf eine mystische Weise das Leben spüren lässt.

Veroníka Naydyónova, Jahrgang 1988, Münster

GNOM IM KOPF

Jeder hat einen Gnom im Kopf. Manche Menschen haben liebe und manche böse Zwerge da drinnen.

Die beeinflussen natürlich auch das Handeln eines Menschen in Bezug auf die Natur. Denn normalerweise leben Gnome in den tiefsten Wäldern in weit entfernten Ländern. Sie zeigen sich dem Menschen nur, wenn er dafür reif und würdig genug ist.
Doch früher fingen die Menschen Zwerge und Gnome und sperrten sie in ihre Köpfe. Da entstand die Grausamkeit, weil die Gnome gegen die Menschen rebellierten. Manch einer von ihnen hat sich mit seiner Lage abgefunden, aber alle hoffen, dass sie bald zurück in die Freiheit können.

Die beginnt, wenn die Menschen den Sinn der Natur verstanden haben.

Jana Schneider, Jahrgang 1990, Altenberge

Markus Hirschmann

BAUM UND MENSCH

Aus der Geschichte und Mythologie

Unsere Beziehungen zu den Bäumen sind so alt wie die Existenz des Menschen auf der Erde, denn die Bäume und der Wald sind der Lebensraum unserer Entwicklung.

Zu allen Zeiten hatten wir Menschen eine besondere Beziehung zu den Bäumen. Das spiegelt sich in allen Kulturen wieder, auch in unserer eigenen. Nicht nur die Bibel spricht vom „Baum der Erkenntnis", der im Garten Eden stand, sondern schon 1200 v. Chr. finden wir in der nordischen Mythologie den Weltenbaum, die Esche „Yggdrasil". Sie wird dort als das Lebensgewebe dargestellt und ist nach der Überlieferung die Urquelle aller Fruchtbarkeit und allen Lebens.

Die symbolischen Verknüpfungen der irdischen und der geistigen Welten durch den Weltenbaum, aber auch durch seine zahllosen „Verkörperungen in Holz und Blatt" ermöglichten den Menschen, geeignete Orte für Rituale, Meditation, Gebet, Prophezeihungen, Orakel, Ratsversammlungen und Gericht unter verehrten Bäumen oder in heiligen Hainen zu finden.

Auf dieser Grundlage basierend ehrten Kelten und Germanen unterschiedliche Bäume und zeigten in der Art der Verehrung die je spezifische Abhängigkeit: Sie weihten z. B. alte Eichen und Eschen den Göttern und umpflanzten ihre heiligen Opfersteine und Kultstätten mit Ebereschen, da sie glaubten, dieser Baum könne Fluch und Unglück abhalten. Linden wurden als Bäume des Friedens, der Liebe und der Gerichtsbarkeit inmitten von Dörfern gepflanzt. Sie prägten so nicht nur die luftig lauen Sommerabende von Generationen, sondern begleiteten das Dorfleben über Jahrhunderte hinweg als Gerichtssaal und Richtstätte, da man von ihnen glaubte, dass in ihrer Gegenwart die reine Wahrheit ans Licht komme. Die Germanen verehrten in der Linde Freya, die Göttin der Liebe, des Glücks und der Fruchtbarkeit.

Die Kelten z. B. ordneten Bäume in einem Jahreskreis an, in dem jeder Baum eine bestimmte Zeitspanne repräsentierte – z. B. der Apfelbaum: 25.06.–04.07. und 23.12.–01.01. Diesen Zeitspannen wurden die Menschen mit ihren Geburtsdaten zugeordnet und nach den jeweiligen Bäumen (symbolisch) charakterisiert. Der Baumkalender war geboren und wurde ein Ausdruck dessen, wie tief wir Menschen einst mit der Natur, ob sichtbar oder unsichtbar, verwoben waren.

Im Jahr 1991 wurde in den Alpen nahe der italienisch-österreichischen Grenze „Ötzi" gefunden. Er war 5.300 Jahre im Eis eingeschlossen gewesen. Ob er Hirte, Händler oder Heiler war, ist nicht bekannt. Von großem Interesse sind hierbei die hölzernen Gegenstände (knapp 20 an der Zahl) wie Gefäße aus Birkenrinde, Bogen aus Eibenholz oder die Pfeile aus wolligem Schneeball sowie die Baumnebenprodukte wie Birkenteer und Zunder. Sie alle dienten unterschiedlichen Nutzungen. Auch führte er Birkenporlinge als Heilmittel mit sich. Aus der Vielfalt dieser Produkte lassen sich eine tiefe Verbundenheit und Kenntnisse im Umgang mit der Natur erkennen, die uns heute leider verloren geht und uns unserer natürlichen Umgebung entfremdet.

Unsere gegenwärtige Kultur scheint es nötig zu haben, Dinge erst zu zerstören, um zu erkennen, wie schön und kostbar sie waren. Wir können das z. B. an der Ausbeutung und Vernichtung der Regenwälder sehen. Dieses In-Teile-Zerlegen beginnt schon im Kopf, in der Denkweise. Zu separieren, zu differenzieren und zu analysieren, das ist das Wesen der rationalen, intellektuellen Weise, die Welt zu verstehen. Das Ich als das Subjekt ist das Zentrum und alles andere ist das Objekt unserer Wahrnehmung, unserer Interpretation, unserer Begierde oder Abscheu. Heute betrachten wir einen Baum, vermessen ihn und studieren, was andere Menschen über ihn herausgefunden haben. Indem wir auf diese Weise alles erklären wollen, bekommen wir das Gefühl, wir seien das aktive Meisterstück innerhalb einer toten Welt. Unsere Vorfahren hatten einen anderen Ansatz: Sie verstanden es, das große Mysterium des Lebens anzunehmen und sich mit Erfurcht, Respekt und Staunen daran zu erfreuen. Sie wussten, dass man zunächst lernen muss, still zu sein, zuzuhören, die Sinne zu öffnen, um die Natur der lebendigen Welt zu spüren.

Die große Bedeutung der Bäume für das geistige Leben und die Entwicklung der Menschheit kann in einer großen Zahl von Belegen aufgespürt werden: „heilige" Bäume und „heilige"

Haine, die noch immer stehen wie die Linde in Schenklengsfeld. Bräuche, die noch existieren wie z. B. das Aufstellen des Maibaums und des Richtbaums, obwohl deren tatsächliche Bedeutung kaum noch präsent ist. Die Birke in Gestalt des Maibaums ist Symbol des Frühlings und der erwachenden Liebe. Als Richtbaum wird sie geschmückt und auf das fertig gezimmerte Dach gesetzt. Ausgesprochen oder unausgesprochen spielt dabei der Wunsch mit, das Haus möge so stabil, groß und dauerhaft werden wie der Baum.

Auch das Osterfest ist mit einem Baumbrauch verbunden. Es gibt die Sitte des Osterstraußes oder Osterbaumes, an dessen grünenden Zweigen bemalte Ostereier aufgehängt werden. Baum und Osterei sind ja verwandte Symbole: beim Baum beobachtet man das scheinbare Sterben im Herbst, die Totenstarre im Winter und seine Wiederbelebung im Frühling. Ähnliches gilt für das Ei: aus scheinbar Totem bricht neues und junges Leben hervor.

In Literatur und bildender Kunst hat man das Leben des Menschen immer wieder mit einem Baum verglichen. Die Analogie von Wachstumsstadien in der Natur und Lebensstufen des Menschen spielt insbesondere in der romantischen Kunst eine große Rolle. Schon Daniel Chodowiecki hat 1793 unter dem Titel „Lebenslauf" acht Blätter gestochen, in deren Mittelpunkt – analog zu verschiedenen Lebensstufen des Menschen – jeweils ein Baum steht, der sich von einem jungen Bäumchen zu einem knorrigen, weit ausladenden Baum entwickelt.

In diesen Zusammenhang gehört auch der Brauch, bei der Geburt eines Menschen einen Baum zu pflanzen. Goethes Grossvater tat dies zur Geburt seines Enkels mit einem Birnbaum. In der Schweiz war es üblich, zur Geburt eines Sohnes einen Apfelbaum, bei der Geburt einer Tochter einen Birnbaum zu pflanzen. Verdorrte ein solcher Geburtsbaum, so war das ein Zeichen für den nahen Tod seines menschlichen Ebenbildes. Auch wenn einer eine weite Reise unternahm, pflanzte man einen Baum, der den Zurückgebliebenen das Schicksal des Abwesenden anzeigte. Im Grimmschen Märchen von den „Zwei Brüdern" machen die Brüder bei ihrer Trennung Schnitte in einen Baum und wissen: diese werden bluten, wenn einer der Brüder in Not gerät.

Ein anderer bekannter Brauch war das „Zweigbrechen": Die Übergabe des gebrochenen Zweigs war im älteren Rechtsbrauch eine Art Besitzergreifung. Der Verkäufer oder Richter reichte dem Käufer einen grünen Zweig als Zeichen der Übergabe. Heute wird dieser Brauch noch bei der Jagdausübung gewahrt, indem dem Schützen des Stück Wildes vom Jagdherrn der „Schützenbruch" übergeben wird.

Baumdarstellungen auf Grabsteinen bringen Trauer zum Ausdruck, wie z. B. die Darstellung der Trauerweide, die aus demselben Grund auch als Grabbepflanzung, als Friedhofbaum vorkommt. Ähnlich wie andere Bäume, die ihre Zweige „hängenlassen", vergleichbar einem Menschen, der in fassungsloser Trauer und Erschrecken die Arme sinken lässt. Bäume auf Gräbern sind aber auch Zeichen des Überlebens und Weiterlebens.

Auch im Sprachgebrauch haben sich die Bäume und ihre Gegenständlichkeit verankert. Wir kennen viele Metaphern und Aphorismen, die Personen und ihre Zustände beschreiben: wie „verwurzelt" oder „entwurzelt" sein, „den Wald vor lauter Bäumen nicht sehen", „der Apfel fällt nicht weit vom Stamm". Bei älteren Menschen sagen wir: „Alte Bäume verpflanzt man nicht" und bei Männern mit Größe und Stärke: „Er ist ein Kerl wie ein Baum". Für den eigenen Nachwuchs hat man oft das Wort „Sprössling" parat.

„Jemand ist schlank und rank wie eine Birke" oder „jemanden auf die Palme bringen", sind ebenfalls Sprichwörter unserer Tage. Nicht zuletzt zieht sich der „Stammbaum" durch die Geschichte von Familien. In die Rinde des Baumes schnitzen die Liebenden ihre Herzen, und dahinter steht wohl die Vorstellung: zugleich mit dem Baum wächst die Liebe mit. „Ich schnitt es gern in alle Rinden ein" oder „Ich schnitt in seine Rinde so manches liebe Wort" heisst es im Schubertlied vom Lindenbaum.

Zur Nutzung: gestern und heute

Die Verbindung der Menschen zu den Bäumen zeigt sich nicht nur in der Mythologie und Verehrung, sondern auch in der Nutzung. Die Abhängigkeit vom Baum und Wald und deren Produkten ist bis heute bestimmend für die Existenz aller Menschen, jedoch leben die wenigsten Menschen heute noch direkt in den Wäldern und beziehen all Ihre Lebensaspekte in die Nutzung der Wälder mit ein. So nutzen z. B. die Yanomami Indianer, die im gebirgigen venezolanisch-brasilianischen Grenzgebiet leben, den dichten Regenwald, indem sie kleine Waldgärten anlegen. Hier bauen sie Kochbananen, Zuckerrohr, Mais und Maniok für den Eigenverzehr an. Die Jagd auf Tiere im Wald wie Vögel, Affen oder Gürteltiere gehört ebenfalls zu ihrer Überlebensstrategie, wie auch das Sammeln von Medizinalpflanzen und Baumaterial. Sie bewohnen in der Regel ein Dorf von ca. 150–200 Personen, dessen Kern aus einer großen runden Wohn- und Schlafhütte, der sog. Maloka besteht. Eigentum und Wohlstand dienen der Gemeinschaft. Traditionell zieht ein Dorf alle drei bis vier Jahre an einen neuen Ort, denn der Boden im Regenwald ist nur begrenzt auf längere Zeit nutzbar und benötigt danach Regenerationsphasen.

Die Penan in Malaysia (Insel Borneo) sind ursprünglich nomadische Jäger und Sammler. Die traditionelle Lebensgrundlage der Penan ist neben Jagen, Fischen und dem Sammeln von über 300 verschiedenen Wildfrüchten, Wurzeln und Pflanzen die Herstellung von Sagomehl aus der Sagopalme, die ihren Bedarf an Kohlehydraten deckt. Weiterhin sammeln sie ihre traditionellen Medizinalpflanzen in den Wäldern.

Die Pygmäen sind in den afrikanischen Staaten der tropischen äquatorialen Zone verteilt (Kamerun, Zentralafrikanische Republik, Gabun, Volksrepublik Kongo, Demokratische Republik Kongo, Ost-Uganda und Ost-Ruanda). Sie sind wahrscheinlich die älteste Bevölkerung der äquatorialen und tropischen Wälder Afrikas. Die Pygmäen ernähren sich von der Jagd, dem Fischfang und dem Sammeln der Produkte des Waldes. Sie stellen alle Geräte, die sie zur Jagd, dem Fischen und dem Alltagsleben (Haus, Kleidung, verschiedene Aktivitäten) brauchen, aus Waldprodukten (Holz, Leder, Knochen, Erde, Lianen usw.) her. Das heißt, dass der Wald die wichtigste Lebensgrundlage der Pygmäen darstellt. Oberstes Gebot bei den Pygmäen ist, dass nur so viel gesammelt, gejagt oder gefischt wird, wie sie als Nahrung für einen Tag benötigen. Sie kennen keine Konservierungstechniken, treiben mit ihren Produkten keinen Handel, sondern brauchen diese „nur" zum Überleben und letztendlich aus einem kulturellen Entschluss. Das Arbeiten dient dem Überleben (man arbeitet, um zu leben und man lebt nicht, um zu arbeiten) und dem täglichen Leben, aber nicht, um Konsumprodukte herzustellen, aus denen man wirtschaftliche oder soziale Profite schlagen könnte. Privates und öffentliches Eigentum sind unbekannt, man hat einfach das Recht, die Produkte der eigenen Arbeit verbrauchen bzw. verwenden zu können.

Die oben aufgeführten Ethnien gelten als „akephale" zu Deutsch „kopflose" Gesellschaften, was bedeutet, dass es keine politische Hierarchisierung gibt und keine Führungsfigur wie etwa einen „Häuptling". Die Gesellschaftsstruktur ist auf dem Prinzip der prinzipiellen Gleichheit der Mitglieder aufgebaut. Differenzierungen erfolgen nicht durch politische Kriterien, sondern auf „natürlicher" Basis, wie etwa der geschlechtsspezifischen Arbeitsteilung.

Viele Ethnien, die in den Wäldern der Erde leben, nutzen diese auf vielfältige, respektvolle und nachhaltige Art und Weise. Leider werden die Lebensgrundlagen dieser Ethnien durch unseren immensen „Holzhunger" (z. B. durch die Herstellung von Möbeln aus Tropenhölzern) und die daraus resultierende Abholzung der Wälder vernichtet. Mit dem Verschwinden der Ethnien geht auch das umfassende Wissen um die einzigartigen und artenreichen Wälder verloren.

In unseren Breiten hat der Wald eine ebenso lange Geschichte der Nutzung und vor allem der Ausbeutung hinter sich. So dehnte er sich noch vor ca. 3000 Jahren über ganz Deutschland aus. Die rund 30 % der Fläche, die er heute noch in Deutschland ausmacht, haben nichts mehr mit dem Wald gemein, der er einmal war. Eigentlich wäre Deutschland heute fast komplett mit Buchenwäldern bedeckt. In der Eisenzeit ab 1000 v. Chr. verdrängte die Buche die Eiche auf fast allen Standorten. Begünstigt durch das humide, ozeanische Klima in Mitteleuropa und der Fähigkeit, auch noch im hohen Alter entsprechenden Lebensraum einzunehmen, wurde die Buche zur dominierenden Baumart. In den Mittelgebirgen entwickelte sich durch das Vordringen der Buche in diesen Bereichen der Bergmischwald.

Die verschiedenen Waldnutzungen und Anpassungen in unterschiedlichen Epochen sowie wechselnde Ansprüche wandelten den Wald ständig um. Die ersten Siedler aus dem Osten rangen ihm mit einfachen Werkzeugen wie Steinaxt die ersten kleineren „Kahlhiebe" ab. Mit dem Sesshaft- Werden der Menschen und dem beginnenden Schmelzen und Verarbeiten von Metallen nahmen der Holzbedarf und die Waldvernichtung nun stetig zu.

Waren es um die Mitte des ersten nachchristlichen Jahrtausends kaum mehr als 600.000 Menschen auf dem Gebiet des heutigen Deutschlands, so zählte man um 1350 bereits eine Bevölkerung von 13–15 Millionen. Und mit den Menschen wuchs der Hunger nach Land, der nun jene Welle der Rodungen auslöste, die das noch unberührte Waldland überflutete. Die große Zeit der Entwaldung war gekommen. Man nutzte den Wald mit allem, was er zu bieten hatte: Früchte, Holz, Gras und Kraut, Honig und Wachs der Wildbienen, Pech und Harz der Kiefern oder den Bast der Linden. Dann kamen das Vieh und insbesondere die Schweine in den Wald. Die Waldweide war geboren und lichtete den Wald bis fast zur Unkenntlichkeit auf. 4000 Städte und Märkte gab es im Spätmittelalter nun auf dem Gebiet Deutschlands. Deren Holzhunger war enorm. Vier Millionen Kubikmeter Brennholz im Jahr gingen in Wärme und Rauch auf, die Häuser und Kirchen waren aus Holz gebaut und brannten immer wieder nieder. Im Hochmittelalter nahmen der Bergbau, die Metallverhüttung, Salzsud und Glasherstellung, die schon die Kelten und Römer betrieben, ein neues Ausmaß an. Die enge Bindung zwischen Wald, Holz und Eisen zeigte am deutlichsten das Beispiel des „Ruhrgebiets des Mittelalters" (um 1480), die Oberpfalz. 200 Hammerwerke produzierten 10.000 Tonnen Eisen, für jede Tonne waren 50 Kubikmeter Holz in Form von Holzkohle nötig. In Lüneburg war es das Salz. Um 1350 ist eine Jahresproduktion von 30.000 Tonnen Salz bezeugt, für die man 250-300.000 Kubikmeter Holz benötigt haben muss, ohne das Bau- und Leitungsholz bzw. das Fassholz für den Versand dazu gerechnet zu haben. Der Naturpark Lüneburger Heide ist heute noch immer Zeuge dieser Waldvernichtung. Die Glasverhüttung war ein weiterer Wirtschaftszweig, der viel Holz verschlang, nicht nur für die Schmelzöfen, sondern auch für die Herstellung des Schmelzmittels „Pottasche". Auf dem Lande nutzten die Bauern die Wälder weiterhin als Viehweide und als Energiewälder, sprich Brennholznutzung und wandelten ihn zu „Nieder- und Mittelwäldern" um. Die Waldumwandlung und Waldausbeutung ging nach dem Dreißigjährigen Krieg weiter. Der Holzhandel blühte nun auf, und der deutsche Wald schwamm buchstäblich ins Ausland davon. Flöße aus bis zu 30.000 Kubikmetern Holz trieben vor allem nach Holland. Riesige Kahlflächen entstanden im deutschen Südwesten und lieferten den Boden für die Aufforstung mit Fichten. Die Waldumwandlung erfolgte ebenfalls in Bayern und im Harz. In Bayern für die Salinen und im Harz diente ab sofort die Fichte dem Bergbau. Im 20. Jahrhundert trieben erneut Kriege und daraus folgende Reparationshiebe den Wald bis an den Rand der Zerstörung.

Nur durch wenige Vordenker und Schützer, die die Not und Wichtigkeit der Wälder erkannten, wurde der Wald Schritt für Schritt in Deutschland durch Gesetze und Erlasse geschützt und erhalten. Im Laufe der Jahrhunderte und der Waldumwandlungen gab es gleichzeitig auch immer wieder Versuche, den Wald zu schützen. Einer der ersten schriftlich dokumentierten Versuche stammt von König Heinrich VII, der im Jahr 1309 den Befehl an den Rat der Stadt Nürnberg gab, die verwüsteten Waldflächen wieder aufzuforsten. 1661 formulierte erstmals ein Verwalter der Stadt Reichenhall unter dem Begriff „Ewiger Wald" einen nachhaltigen Nutzungsansatz, um die Salzgewinnung dauerhaft zu sichern. Die Salinenverwaltung erstellte sogar entsprechende Holzeinschlagspläne, doch hielt sich damals niemand daran und der Raubbau ging weiter.

Der Begriff Nachhaltigkeit selbst wird auf eine Publikation von Hans Carl von Carlowitz aus dem Jahr 1713 zurückgeführt, in der er von der „nachhaltenden Nutzung" der Wälder schrieb, ohne aber weiter auszuführen, wie sie zu erreichen sei. Hermann Friedrich von Göchhausen griff den Begriff 1732 auf. In seiner „Anweisung zur Taxation und Beschreibung der Forstbestände" von 1795 hat Georg Ludwig Hartig dann ausformuliert, was Nachhaltigkeit bedeutet, auch wenn er den Begriff nicht verwendet. „Nachhaltigkeit" bezeichnet also zunächst die Bewirtschaftungsweise eines Waldes, bei welcher immer nur so viel Holz entnommen wird, wie nachwachsen kann, so dass der Wald nie zur Gänze abgeholzt wird, sondern sich immer wieder regenerieren kann. So enstand das heutige Bundeswaldgesetz und der Begriff „Nachhaltigkeit" wurde schließlich als sustained yield ins Englische übertragen und fand Eingang in die internationale Forstwissenschaft sowie 1972 in den Bericht des Club of Rome „Die Grenzen des Wachstums".

Diesen Leitgedanken der Nachhaltigkeit in der Forstwirtschaft griff die 1983 von den Vereinten Nationen eingesetzte Weltkommission für Umwelt und Entwicklung auf (WCED). Die Kommission unter dem Vorsitz der ehemaligen norwegischen Ministerpräsidentin Gro Harlem Brundtland hatte den Auftrag, langfristige Perspektiven für eine Entwicklungspolitik aufzuzeigen, die zugleich umweltschonend ist. In ihrem auch als Brundtland-Bericht bekannt gewordenen Abschlussdokument „Unsere gemeinsame Zukunft" aus dem Jahr 1987 wurde das von diesem Leitgedanken inspirierte Konzept der nachhaltigen Entwicklung definiert. Seit Mitte der 90er Jahre mündet dies im Bereich der nachhaltigen, ökologischen und sozialverträglichen Waldnutzung in Zertifizierungen wie zum Beispiel FSC (Forest Stewardship Council), PEFC (Programme for Endorsement of Forest Certification Schemes) oder durch Naturland (anerkannter ökologischer Landbau).

Aber nicht nur solche Gesetze und Initiativen, sondern auch unser gemäßigtes Klima mit hoher Bodenfruchtbarkeit hatten einen wesentlichen Einfluss darauf, dass unser Wald sich immer wieder regenerierte und er so ist, wie wir ihn heute kennen, auch wenn von den einstigen Urwäldern nichts mehr übrig ist. Denn fast alle Waldflächen sind von menschlichen Nutzungsformen geprägt und umgewandelt. Wir kennen als extremste Form der Nutzung die in Reih und Glied stehenden Fichten- und Kiefernwälder, die durch Vollerntemaschinen schnell und kalkulierbar geerntet werden können. Dennoch prägen Wälder und Bäume am stärksten unsere Heimat und vor allem die Jahreszeiten, die wir durch ihre Blüten, Blätter und Früchte wahrnehmen.

Doch werden die Wälder auch heute noch durch Straßen-, Flughafen- und Siedlungsbau, durch Stromtrassen und Tagebau zerstückelt. Freizeitansprüche verändern ihn genauso wie die Nutzung des Rohstoffs Holz für den Hausbau (z. B. für die Verschalungen von Betonwänden, für den Innenausbau mit Treppen, Möbel, Vertäfelungen), bei der Herstellung von Alltagsgegenständen (für viele Küchengeräte und Kunstgewerbliches, für Musikinstrumente und Gartengeräte, für Holzspielzeug und Schreibgeräte), als Brennholz für den offenen Kamin, den Lehm- oder Kachelofen oder als „Hackschnitzel" für die alternative Energiegewinnung. Unter dem Diktat der Wirtschaftlichkeit verliert unser Wald seine einzigartige Ästhetik, denn nur der gerade astfreie Stamm wird zur Rendite.

Unsere Industrie brauchte und braucht ebenfalls Unmengen an Holz. Grubenholz für den Schiffs- und Wagenbau, für den Modellbau, landwirtschaftliche Geräte, Zeichengeräte und indirekt z. B. für den Eisen- und Aluminiumbedarf.

Aktuell kann man am Beispiel Eisengewinnung sehen, dass wir (Tropen-)Holz nicht nur direkt durch Import, sondern auch indirekt durch oder für die Roheisengewinnung nutzen: Deutschland importiert dieses zu etwa 85 % aus Brasilien, dem größten Bergbaugebiet der Erde. Das Anfang der 80er Jahre in Angriff genommene Projekt Grande Carajas umfaßt ein Gebiet von 900.000 Quadratkilometern. Hier entsteht eine gigantische industrielle Zone mit dem eigentlichen Erzabbau, Hüttenwerken zur Verarbeitung, riesigen Talsperren zur Energiegewinnung, Schienen- und Wasserwegen, Industriezentren und Viehzuchtprojekten – all das im tropischen Regenwald. Das Kernstück von Grande Carajas ist das Eisenerzprojekt, das jährlich allein bis zu 35 Millionen Tonnen Eisenerz exportiert. Außer der Erschließung der Mine umfaßt es den Bau eines Meereshafens und einer 900 Kilometer langen Eisenbahnstrecke. Die Auswirkungen auf den Regenwald sind unvorstellbar. Da es in diesem Gebiet keine Kohlevorkommen gibt, wird für die Verhüttung des Eisens Holzkohle benötigt. Für je vier Tonnen Eisen wird ein Hektar Regenwald gerodet. Über 500.000 Hektar Regenwald fallen so jährlich der Eisenproduktion zum Opfer.

Ein weiteres Beispiel aus der gigantischen Holznutzung heute ist der Papierverbrauch. Aus dem Holz wird Zellstoff gewonnen, der Rohstoff für die Papierherstellung. Greifen wir uns das Beispiel Finnland heraus: In Finnland sind inzwischen 90 % des Waldes „Produktionswald" für die Zellstoffindustrie. Zugunsten immer größerer Nutzflächen wurden innerhalb der letzten 30 Jahre 58.000 Quadratkilometer Moore entwässert und mit Fichten- oder Kiefern-Monokulturen bepflanzt. Große Moorwaldgebiete im subpolaren Bereich „durchforstet" und damit meist völlig zerstört. Die „moderne" Forstwirtschaft und ihre Anbau- und Erntemethoden gleichen der Agrarindustrie: Monokulturen, maschinelle Pflanz- und Durchforstungsverfahren, Dünger- und Pestizideinsätze, Einsatz von Herbiziden gegen „lästige" Laubgehölze. Dies alles dient der ökonomischen Auslastung der Holzerntemaschinen. Die Naturwaldzerstörung hat durch den Papierhunger des „Computerzeitalters" (Pro-Kopf-Papierverbrauch 2006 in Deutschland: 250 kg, nach VDP Leistungsbericht 03 / 2007) ein immenses Ausmaß angenommen. Zusätzlich werden durch diese Handlungsweisen die Lebensgrundlagen von indigenen Gruppen, wie in diesem Fall den Samen vernichtet. Die Verwendung von Recyclingpapieren ist da schon ein uns allen möglicher

Ansatz, den Trend umzukehren, denn eine Holzfaser kann bis zu siebenmal wieder verwendet werden.

So ist der Wald wie wir zu einer „Leistungsgesellschaft" verkommen und die Vermassung geht auf Kosten der Vielfalt, Einzigartigkeit und Langlebigkeit. Dadurch, dass unser Holzhunger hauptsächlich in anderen Ländern der Erde gesättigt wird und somit unsere einheimischen deutschen Wälder schont, sehen wir die direkten Folgen der Waldvernichtungen nicht mehr und können dieses Ausmaß der Naturkatastrophen nicht mehr nachvollziehen.

Zur Beziehung von Wald und Mensch heute

Trotz der bekannten Nutz- und Schutzfunktionen von Wäldern und Bäumen und unserer seit Jahrtausenden alten engen Beziehungen zu ihm vermögen wir es heute nicht mehr, das eng geflochtene Netz mit ihm aufrecht zu erhalten. Neue Studien (Universität Marburg / Brämer 2002) zeigen, dass wir heute im 21. Jahrhundert die Bühne des Natürlichen verlassen und uns beziehungs- und verbindungslos zu unserer umgebenden „Mitwelt" bewegen. Natur verkommt zur Kulisse für unsere Freizeit Aktivitäten und ist nicht mehr der wesentliche Teil, der uns das Überleben auf diesem Planten sichert.

Wirtschaftswachstum und Wohlstand sind heute die Säulen, die uns scheinbare Sicherheit und Zukunft geben, für die wir Flächen für immer versiegeln sowie Wälder und Bäume zerstückeln und entwurzeln. Es ist uns nicht mehr bewusst, was für einen immensen Preis wir dafür bezahlen. Verlust an Artenvielfalt, Klimaveränderungen, Überschwemmungen und Erdrutsche sind nur eine Seite der Medaille, die andere ist unsere geistige und seelische Verarmung, die vielleicht noch tief greifender ist.

Dass wir als Menschen die Natur nutzen müssen und sollen, um zu überleben, steht dabei außer Frage, jedoch kommt es extrem darauf an, wie wir dies tun, mit welcher Haltung wir uns dem Mitlebewesen Wald nähern. War dies in früheren Zeiten noch ein Ausdruck der Dankbarkeit in Form von guten Wünschen oder das Ritual und Segnung dessen, was aus dem natürlichen Kreislauf entnommen wurde, so sind die „Mitlebewesen" heute zum ausbeutbaren „Rohstoff" verkommen.

Da wir selber zutiefst Natur sind und uns nicht nur den Jahreszeitenrhythmen und den Tageszeiten angepasst haben, sondern wir aus den gleichen Grundbausteinen (Aminosäuren, Eiweißen u. a.) bestehen wie ein Tier, ein Baum oder ein Stein, ist es um so dringlicher, dass wir wieder unsere Sinne und unser Bewusstsein für die „Mitwelt" öffnen und die Natur wieder als Subjekt erkennen und in ihr auch uns erfahren.

> Henry David Thoreau (1817–1862) formulierte es
> in seinen Tagebüchern sehr treffend:
> *„Wie wichtig ist der ständige Umgang mit der Natur und die Betrachtung der natürlichen Phänomene für die Erhaltung der moralischen und geistigen Gesundheit! Die Disziplin der Schulen oder des Berufslebens kann dem Gemüt diese Heiterkeit nie verschaffen. Für das Studium des Menschen ist es von großem Vorteil, wenn man an das Studium der Natur gewöhnt ist".*

Natur ist heute sogar nicht nur „Kulisse", sie macht uns vielmehr Angst und scheint gefährlich. Wir haben gelernt, Auto zu fahren, können zum Mond fliegen und experimentieren mit genetischem Material. Wir sind bereit, für diese Dinge Opfer zu bringen, jedes Jahr sterben ca. 5.000 Menschen im Verkehr (Stand 2006, Straßenverkehrsunfallstatistik) und dennoch bekommen wir Panik, wenn uns die Medien über den Fuchsbandwurm berichten, an dem pro Jahr nachweislich ca. 25 Menschen in Deutschland tödlich erkranken (laut Echinokokkose-Register 2006). Wir schränken uns ein und essen keine Wildfrüchte mehr, lassen unsere Kinder nicht mehr ungehindert draußen spielen, und der Fuchs wird zum „Problemtier" erkoren. Die gleiche Angst wurde im Jahre 2006 Bär „Bruno" zum Verhängnis, denn er durfte nicht mehr durch die deutsche Alpenlandschaft wandern, sondern musste auf Grund von Ängsten und Nöten der Behörden und Almbauern sterben. Gleichzeitig leben aber Bär und Mensch im selben Lebensraum in Rumänien, Italien, Österreich, Kroatien, der Slowakei und anderen Ländern.

Wir „verstümmeln" unsere Bäume in den Gärten, Alleen und Parkanlagen aus der Angst heraus, Äste könnten brechen und uns Schaden zufügen. Doch der Griff zur Motorsäge, die Baumkronen in „Form" zu bringen oder diese gar gänzlich zu entfernen, wie es momentan bei Linden, Birken, Fichten und Pappeln der Trend ist, ist ein Ausdruck dessen, wie weit wir unsere einstigen Kenntnisse und Fähigkeiten sowie Vertrauen in die Natur verloren haben. Bäume sind Lebewesen, die nur zu gut wissen, wie sie zu wachsen haben und wie sie sich Naturphänomenen anpassen müssen. Sie reagieren z. B. an windexponierten Standorten mit der Ausbildung von Zug- und Druckholz, um den Winden und Stürmen eine sichere Standfestigkeit, sprich Elastizität entgegen zu bringen. Bäume benötigen eigentlich unsere Eingriffe nicht. Kleine Wunden z. B., die nicht größer als vier cm im Durchmesser und nicht Stamm eben sind, vermag ein Baum durch „Vertüllen" der Zellen von innen und der Überwallung der Wunde von außen gut und sicher zu verschließen. Bei größeren Wunden, die leider meist wir Menschen verursachen ist der Baum nicht in der Lage, diese in Gänze zu verschließen. Hier können Pilze, Bakterien und Schadinsekten ungehindert eindringen. Dies ist auf längere Sicht sein Todesurteil. Auch ein Verschließen der Wunden durch den Menschen kann den natürlichen Heilungsprozess der Bäume nicht ersetzen.

Bäume liefern uns durch den Photosyntheseprozess in ihren Blättern jeden Atemzug an Sauerstoff, den wir Sekunde für Sekunde einatmen und der uns am Leben hält. Wichtiger als Wasser und Brot. Wenn man daher die Möglichkeit hat, sollte man drei größere Laubbäume zur Geburt eines Kindes pflanzen und pflegen, denn sie spenden diesem Kind lebenslang den Sauerstoff, den es benötigt.
Zudem benötigen wir Bäume und Wälder als Orte geistiger Regeneration, als Oasen inmitten von Stress und Hektik und als Orte ökologischer und kultureller Bildung.
In der Berührung mit der äußeren Natur kommt auch die innere Natur ins Gleichgewicht. „Umgekehrt heißt das, dass der Mensch, um seine Ressourcen voll ausschöpfen zu können, offenbar die Natur mehr denn je braucht. Sie ist sein wahres Lebenselixier" (Brämer 2002). Wir benötigen daher heute, dringender denn je, wieder viel mehr Lernen in und mit der

Natur und dies schon so früh wie möglich. Waldkindergärten sind z. B. ein erster wesentlicher Schritt in die richtige Richtung, denn für eine gesunde, seelische und körperliche Entwicklung brauchen wir Menschen vielfältige natürliche Sinneserfahrungen und nicht die von Menschen gemachte Reizüberflutung.

Die Natur bietet eine unermessliche Vielfalt an Formen, Farben, Gerüchen, Geräuschen und Lebensweisen. Diese zu erforschen, zu erfahren und zu erleben, belebt unsere Sinne (fühlen, riechen, hören, sehen, schmecken) und die innere Intuition.

Fehlen diese Sinnesreize, verkümmern bestimmte Wahrnehmungsfähigkeiten (vgl. Lohmeyer, Kükelhaus, Brooks). Das wiederum führt zum Verlust der Beziehung zur Natur und zur Entfremdung von uns selbst, denn die Wahrnehmung dieser Vielfalt schließt auf für die Grunderfahrung, dass andere Menschen anders sind und dass dies ein völlig natürlicher Zustand, ja sogar nötig und positiv ist. Die Vielfalt der Natur ist nicht ein Nebeneinander, sondern wahrnehmbar ein äußerst produktives, schönes, organisches Miteinander.

Vielfalt bedeutet auch, dass es keine „Uniformiertheit" gibt. Es gibt nicht „das perfekte Buchenblatt" oder „das perfekte Reh". Überall prägen sich individuelle Formen aus und überall wirken die äußeren Kräfte anders ein, so dass ideale Formen nur als Zeichnungen in unseren Lehrbüchern auftreten. Im übertragenen Sinn heißt dies, „den perfekten Menschen" gibt es nicht, sondern lebendige kulturelle Vielfalt.

Die wert zu schätzen, kann man in der Natur üben: Ob es um die Form von Blüten und Blättern, die unterschiedlichen Baumrinden oder das Summen von Insekten geht, wir können die Unterschiede und Verwandtschaften kennen lernen. Die Natur und der Wald lehren uns, hin zu schauen, hin zu hören und zu zu hören, denn auch scheinbar Bekanntes ist immer wieder überraschend neu. Niemals gibt es zwei gleiche Buchen, Eichhörnchen, nicht einmal die Blätter eines Baumes gleichen sich.

In der Begegnung mit Wäldern und Bäumen liegt für uns heute der Schlüssel für das uns verloren gegangene Naturmaß und für eine mitfühlende, achtsame Erziehung.

Luther Standing Bear (Ota Kte, Mochunozhin, 1868–1939) brachte dies auf den Punkt:

„Die alten Dakota wussten, dass das Herz eines Menschen, der sich der Natur entfremdet hart wird. Sie wussten, dass mangelnde Erfurcht vor allem Lebendigen und allem, was da wächst, bald auch die Erfurcht vor dem Menschen absterben lässt. Deshalb war der Einfluss der Natur, die den jungen Menschen feinfühlig machte, ein wichtiger Bestandteil ihrer Erziehung."

Markus Hirschmann, Jahrgang 1966, Göttingen

Literatur: Hansjörg Küster, Geschichte des Waldes, 1998, Von der Urzeit bis zur Gegenwart, München; H. Kükelhaus, 1978, Fühlen, Fassen, Bilden, Köln; Charles V. W. Brooks, 1997, Erleben durch die Sinne (Sensory Awareness), Paderborn; Lutz Röhrig, 1988, Germanistik aus interkultureller Perspektive. Collection Recherches Germaniques 1, Strassbourg; Rainer Brämer, 2002, Varianten der Naturentfremdung, Marburg

Dr. Wernher P. Sachon

WALD ALS ERFAHRUNG – PHÄNOMENOLOGISCHE ANNÄHERUNGEN

„Um die Wahrheit zu sagen, wenige Erwachsene können die Natur sehen."
(Ralph Waldo Emerson)

Ich habe diesen Satz des amerikanischen Philosophen Ralph Waldo Emerson (1803–1882) diesem Beitrag vorangestellt, weil er unseren Blick auf einen Sachverhalt richtet, der in dem zeitgenössischen Diskurs über Natur gerne übersehen wird: Unsere Fähigkeit bzw. Unfähigkeit, die Natur zu sehen. Bezogen auf den Naturraum ‚Wald' würde dieser Satz lauten: Um die Wahrheit zu sagen, wenige Erwachsene können den Wald sehen.

Dieser Beitrag soll ein Versuch sein, diese provozierende Aussage Emersons etwas tiefer auszuleuchten. Dazu werden wir versuchen, die Erfahrung ‚Wald' aufzublättern und verschiedene Modi dieser Erfahrung zu differenzieren, um besser verstehen zu können, was Menschen eigentlich meinen, wenn sie sich auf ihre Erfahrungen in und mit dem Wald beziehen. Dabei geht es nicht um ‚bessere' oder ‚schlechtere' Erlebensweisen, sondern um die Entfaltung eines vollen Gewahrseins dessen, was menschenmögliches Naturerleben ist. Es geht auch nicht um die narrativen Aspekte unserer Naturerfahrungen, sondern um die Erfahrungen, die unseren Narrationen (Erzählungen) zugrunde liegen.

Der faktische Wald

Für einen ganz bestimmten Wald, nennen wir ihn den faktischen Wald, gilt Emersons Satz ganz offenkundig nicht, denn alle können ihn sehen und wir wissen viel über ihn.

Der faktische Wald besteht aus Bäumen und bildet den artenreichen Lebensraum für Tausende von Pflanzen- und Tiergattungen. Der faktische Wald ist der biologische Wald, es ist der Wald, von dem man Landkarten herstellen kann. Es gibt verschiedene Typen faktischer Wälder – Nadelwälder, Laubwälder und Mischwälder, Buchenwälder, Kiefernwälder, es gibt Fichtenforste, Bergwälder und Auenwälder. Dieser Wald ist ein Ökosystem, in dem sich ganz bestimmte biologische Prozesse vollziehen, die für uns Menschen von großer Bedeutung sind. Wälder sind als Ökosysteme schützenswert, sind als forstwirtschaftliche Wälder wichtige Rohstofflieferanten, als Naturinseln inmitten verbauter Landschaften Orte der Erholung und des Rückzugs. All dies sind objektiv feststellbare Merkmale und Funktionen unserer Wälder und in ihrer Faktizität unstreitig.

Der faktische Wald ist jedoch nicht der Wald, für den wir uns hier interessieren. Hier interessieren wir uns für den erlebten Wald, für den Wald *als Erfahrung*. Und wir interessieren uns dabei weniger für die Inhalte dieser Erfahrungen, sondern vor allem für die unterschiedlichen Strukturen, für die verschiedenen Modi, die diese Erfahrung konstituieren.

Der psychische Wald

‚Wald' als Erfahrung besitzt gegenüber dem faktischen Wald wenig Objektivität. Das kann soweit gehen, dass derselbe faktische Wald von verschiedenen Menschen sogar ganz unterschiedlich erfahren wird. Wald als Erfahrung hängt also nicht nur von objektiven Merkmalen des Waldes ab, sondern auch von den subjektiven Gegebenheiten derjenigen, die ihn erfahren. Und diese ‚subjektive Gegebenheiten' – das sind wir selbst. Wir nennen diese Sichtweise ‚psychisch' oder ‚psychologisch'.

Nahezu jeder Mensch kennt die eminente Bedeutung des ‚Psychischen', zumindest in der Form, dass seine subjektive Befindlichkeit, sein innerer Zustand, d.h. seine Stimmungs- und Gefühlslage und das, was ihn gerade gedanklich beschäftigt, maßgeblich darüber entscheiden, *wie* er erlebt, also auch, *wie* er Natur erlebt. Heute, insbesondere unter dem Einfluss der Erkenntnisse der Neurowissenschaften, sehen wir das noch ein bisschen radikaler: Die innere Organisation des erlebenden Subjekts entscheidet nicht nur darüber, *wie* es Natur erlebt, sondern darüber, *welche* Natur es erlebt. Es ist nicht dieselbe Natur, die eben subjektiv nur anders erlebt wird, es ist eine andere Natur.

In psychologischer Sicht *haben* wir keine Perspektive auf den Wald, sondern wir selbst *sind* diese Perspektive: ‚I enjoyed *myself* in the forest' – hier wird dies auch sprachlich auf den Punkt gebracht. In welcher Welt wir leben, hängt maßgeblich davon ab, wer wir selber sind. Danach gibt es auch kein Naturerleben, das unabhängig wäre vom Zustand des Selbst, vielmehr sind unsere Naturerfahrungen danach immer auch ein Spiegel unseres Selbst. Häufig spricht man deshalb von ‚der Natur' als dem Spiegel unserer Seele, was so jedoch nicht stimmt, denn der Spiegel, in den wir blicken, ist nicht die Natur, sondern unsere eigene *Erfahrung* der Natur.

Wenn wir akzeptieren, dass die subjektive Erfahrung ‚Wald' vielleicht mehr mit uns selbst und weniger mit ‚dem da draußen' zu tun hat, dann ist die Frage von großem Interesse, *welche* Aspekte unserer Subjektivität diese Erfahrung maßgeblich prägen. Diese Frage verweist letztlich auf das gesamte Feld der Psychologie und schon ihre überblicksmäßige Beantwortung würde ein ganzes Buch füllen. Deshalb müssen wir uns hier mit einigen Hinweisen begnügen.

    1. Dass unser Naturerleben von unseren momentanen Stimmungen und Gedanken geprägt ist, das kennen wir alle und meistens merken wir das auch, zumindest nachträglich, d.h. wir sind uns dessen mehr oder weniger bewusst.

    2. Weniger bewusst sind wir uns jedoch darüber, wie charakteristische Strukturen unserer Persönlichkeit unsere Erfahrungen beeinflussen, z.B. gewohnte Wahrnehmungs- und Beziehungsmuster, Überzeugungen und Einstellungen, Erwartungshaltungen, eingefleischte emotionale Muster der Reaktivität, Muster von Abwehr, Vermeidung und Kompensation etc.

    Dass uns solche inneren Strukturen so wenig bewusst sind, hängt damit zusammen, dass sie für uns so selbstverständlich geworden sind, dass wir sie als Teil unserer Identität empfinden – wir kennen uns nicht anders und sind überzeugt davon, dass wir das auch sind. Wir können dann nicht mehr erkennen, dass es sich dabei vor allem um Prägungen, um eingefleischte Gewohnheiten handelt, die wir bloß *haben*, die wir also auch wieder lassen könnten, wenn wir bereit wären, dafür etwas zu tun.

Der Wald, den wir erfahren, hat also oft weniger mit dem konkreten Naturraum ‚da draußen' zu tun, sondern mehr mit uns selbst. Dies ist für viele eine neue Einsicht: dass wir zwar unbewusst, aber durchaus ‚mit System', unsere Erfahrungen maßgeblich selbst gestalten – auch im Wald. Naturerfahrungen haben deshalb auch einen hohen diagnostischen Aussagewert und wir können viel über einen Menschen erfahren, wenn wir ihn bitten, ein paar Stunden in den Wald zu gehen und uns zu berichten.

3. Von maßgeblicher Bedeutung bei vielen Naturerfahrungen ist der innerpsychische Vorgang der Projektion: Unbewusste Selbstanteile werden nach außen verlagert und dort erlebt. Hier hat der Satz am ehesten seine Berechtigung, dass die Naturerfahrung zum Spiegel meines (unbewussten) Seelenlebens wird.

Ein derzeit besonders populärer projektiver Vorgang im Kontext von Naturerfahrungen ist die Idealisierung: Wir verlagern eigene ideale Vorstellungen und Bedeutungen hinaus in die Welt der Pflanzen und Tiere – und schwelgen darin. Problematisch wird dieses Erfahrungsmuster dadurch, dass darin eine Spaltung enthalten ist, die natürliche Welt zur ‚guten' Welt wird im Gegensatz zur ‚schlechten' Menschenwelt. Eine solche Spaltung hat oft auch Abwehrfunktion, denn ich selber fühle mich ja eher der guten Natur als den bösen Menschen zugehörig, womit die Wahrnehmung eigener Destruktivität und Lebensfeindlichkeit erfolgreich vermieden wird.

4. Einen maßgeblichen Einfluss auf die Erfahrung ‚Wald' haben auch phasenspezifische Aspekte unserer Subjektivität. ‚Wald' hat in den unterschiedlichen Phasen unserer Entwicklung eine ganz unterschiedliche Bedeutung, weil wir phasenspezifisch unterschiedliche Bedeutung gebende innere Strukturen entwickeln.

So ist der Wald für das Kindergartenkind ein (Märchen)Wald phantastischer Gestalten und Geschichten deshalb, weil das kindliche Selbst auf dieser Entwicklungsstufe vollständig eingebunden ist in seine Phantasien, in sein magisches Denken (Piaget). Das Schulkind, dessen Denken sich dagegen auf konkrete Gegenstände bezieht und dessen Selbsterleben durch seinen Werksinn bestimmt wird (Erikson), sieht in dem Wald dagegen ganz selbstverständlich eine Aufforderung zum Werkeln und Bauen. Beide erfahren also entwicklungsbedingt einen ganz anderen Wald, auch wenn sie sich in demselben Naturraum aufhalten.

5. Ein weiterer wesentlicher Aspekt unserer Subjektivität ist unsere kulturell geprägte innere Symbolwelt. Symbolisches Erleben des Waldes meint: Wir nehmen einen Naturaspekt nicht in seinen Merkmalen (gegenständlich), in seiner Präsenz (atmosphärisch) oder eingebunden in die Beziehung zu ihm (als Du) wahr, sondern in einer sinnbildlichen Bedeutung. Die symbolische Bedeutung eines Naturaspekts ist kein Merkmal der Natur, sondern ein kollektivpsychischer Aspekt unserer Subjektivität.

Die symbolische Bedeutung des Waldes ist schier unerschöpflich. In Mythos und Märchen tritt er in Erscheinung als eine Art dunkles, geheimnisvolles Niemandsland, als ein Schwellenraum der Verwandlung, ein Reich der Geister und Hexen, bedrohlich und heilsam zugleich. Je nach individueller Nähe zum Archetypischen mag all dies für das persönliche Erleben eines Menschen Bedeutung bekommen oder auch nicht.

Der Wald als Gegenstand

Die vorgenannten Aspekte unserer Subjektivität sind uns weitgehend unbewusst oder vorbewusst und sind zentrale Themen tiefenpsychologischer Forschung und Erkenntnis. Durch den Einfluss der Bewusstseins- und Kognitionsforschung und insbesondere der Neurobiologie sind in den letzten Jahrzehnten vor allem Prozesse der *bewussten* Wahrnehmung in den Mittelpunkt des Interesses gerückt. Die Grunderkenntnis, die dabei gewonnen wurde, ist, dass unsere bewussten Wahrnehmungen der Welt und des Selbst nicht ein objektives Abbild der Realität zeichnen, sondern bereits eine Bedeutung gebende Verarbeitung, eine Interpretation darstellen. Ein bewusst ‚wahrgenommener' Gegenstand ist demnach eine Vorstellung (Konstruktion, Hypothese) der Welt, also ein Aspekt unserer Subjektivität, nicht ein Aspekt der Welt.

Diese Erkenntnis ist als solche alt und in vielen spirituellen Lehren wieder zu finden. Sie ist jetzt auch neurobiologisch beschrieben als Prozess der inneren Herstellung von gegenständlich organisierten Repräsentationen (Aufzeichnungen) aus rezeptiven neuronalen Erregungsmustern (Eindrücken), ihre sprachlich-begriffliche Kodierung und ihre Aktivierung als Vorstellungen. Diese Bewusstseinswirklichkeit – die Welt als Vorstellung – ist für den modernen Menschen zur Wirklichkeit schlechthin geworden, an der er sich orientiert und die den Rahmen setzt, innerhalb dessen sich in der Regel sein Leben abspielt. Darin steckt eine großartige Errungenschaft, nämlich die Fähigkeit, aus der unüberschaubaren Fülle unmittelbarer Eindrücke in Bruchteilen von

Sekunden sinnvoll zu selektieren und über die Konstruktion von Gegenständen zu einem objektiven, dem Diskurs zugänglichen Denken zu gelangen. Die Kehrseite dieses Prozesses ist eine quasi systemimmanente Verengung und Reduktion der Wirklichkeit.

Eine solche Reduktion wird deutlich, wenn wir uns fragen, welche Erfahrung Menschen eigentlich meinen, wenn sie sagen: ‚Ich sehe einen Baum'. Sehen sie wirklich *diesen* Baum in seinem konkreten Sein? Meist nicht. Sie nehmen einige Merkmale wahr wie z. B. Größe, Farbe und Struktur der Rinde, Form der Blätter etc. und stellen fest, dass das von ihnen Wahrgenommene z. B. unter den Gattungsbegriff ‚Eiche' fällt. Bei diesem Erfahrungsmodus handelt es sich also lediglich um ein kognitives Erfassen und dessen Verbalisierung, nicht um ein erlebendes Sehen dieses konkreten Baumes durch die ganze Person. Ein solches Klassifizieren ist ein bloß rationaler Akt des Bewusstseins, eine Bestätigung des eigenen Wissens. Dieser Baum hat keine Individualität, sondern ist lediglich ein Beispiel für die Gattung ‚Eiche', d.h. er repräsentiert lediglich eine bereits vorhandene abstrakte Vorstellung. *Dieser* Baum steht nur in unserem Kopf, jedoch nicht auf der Wiese oder im Wald.

Diese Erfahrungsweise ist die vorherrschende in unserer Kultur. Wir sind umfassend darin konditioniert, aus einer Vielzahl konkreter und nuancierter qualitativ-atmosphärischer Eindrücke anhand weniger abstrakter, vor allem körperlicher Kriterien (Größe, Gewicht, Form etc.) ein dinghaftes ‚Etwas' zu konstruieren, das wir dann als den Kern unserer Erfahrung ausgeben. Alles Eindrückliche, was sich diesem Organisationsmuster entzieht – Beziehungsqualitäten, Stimmungen, Atmosphären u.ä. – findet keinen Eingang in die Wahrnehmungs- und Erfahrungswelt eines solchermaßen organisierten Bewusstseins. Die ursprüngliche Erlebenswirklichkeit unmittelbarer Eindrücke, Atmosphären, Stimmungen und Beziehungsqualitäten ist einem derart erfahrenden Menschen so irreal geworden wie eine Märchenwelt – sie ist nicht ‚greifbar' für sein gegenständlich organisiertes Bewusstsein und je nach Charakter wird sie dann verleugnet, abgewertet oder sonst wie negiert.

„Man sagt, der Mensch erfahre seine Welt. Was heißt das? Der Mensch befährt die Fläche der Dinge und erfährt sie. Er holt sich aus ihnen ein Wissen um ihre Beschaffenheit, eine Erfahrung. Er erfährt, was an den Dingen ist. Aber nicht Erfahrungen allein bringen die Welt dem Menschen zu. Denn sie bringen ihm nur eine Welt zu, die aus Es und Es und Es, aus Er und Er und Sie und Sie und Es besteht. Ich erfahre Etwas. Daran wird nichts geändert, wenn man zu den ‚äußeren' die ‚inneren' Erfahrungen fügt ... Innendinge wie Außendinge, Dinge unter Dingen!" (Martin Buber, 1974, S. 11)

Diese Art, Erfahrungen zu machen, ist uns so zur Gewohnheit geworden, dass wir die daraus entstehende Vorstellung der Welt ganz selbstverständlich für die Welt selbst halten – wir halten diese Landkarte für das Land. Andere Wirklichkeitsaspekte haben in diesem Modus keinen Platz.

Dabei geraten wir jedoch in immer größere Ferne vom unmittelbaren, vom primären (Er)Lebensprozess. Die Erforschung des nichtreflexiven Erlebens des Kleinkindes (d.h. *bevor* diesem ein konstruierendes Ichbewusstsein zur Verfügung steht) macht unmissverständlich klar, dass die unmittelbar erlebten, noch nicht gegenständlich verarbeiteten Eindrücke primär sind. Dieser zeit- und uferlose Erlebensstrom qualitativer und atmosphärischer Eindrücke, diese ‚Hintergrundmusik', ist für uns nicht nur die früheste, sondern auch die ursprünglichste und vertrauteste Erlebenswelt. Wenn sich das Selbstempfinden gut darin verwurzeln kann, kann so etwas entstehen wie ‚Urvertrauen', ein Empfinden, getragen zu sein – nicht von den ‚Gegenständen' (Konstruktionen) des eigenen Bewusstseins, sondern vom kontinuierlichen pulsierenden (Er)Lebensstrom mit seinen ganz spezifischen, wieder erkennbaren Konturen.

Die Vorherrschaft des abstrahierenden kognitiv-dinghaften Erfahrungsmodus auch im zwischenmenschlichen Bereich hat dazu geführt, dass sich viele Menschen wie Gegenstände benutzt fühlen. Wir werden ja *tatsächlich* tagein tagaus als Gegenstände behandelt: Als Bürger sind wir Gegenstände der staatlichen Machtausübung und Fürsorge, als Kinder / Jugendliche sind wir Gegenstände der Erziehung, als Konsumenten-Zielgruppen sind wir Gegenstände der Werbung, als Patienten sind wir Gegenstände einer medizinischen Behandlung, sogar als Geliebte(r) sind wir oft nur Gegenstand von Liebesgefühlen und Lust des anderen etc. – doch: was hat das alles mit *mir* zu tun?

Was heißt all dies für die Erfahrung ‚Wald'?

Wenn wir gewohntermaßen und ohne Spielraum, es auch anders zu machen, unmittelbare Eindrücke auf diese Art vergegenständlichen, dann gehen wir als Beobachter im Wald herum und sind damit beschäftigt, Naturdinge und Naturgegenstände im Wald zu registrieren. Diese Art der Walderfahrung ist vor allem eins: ein kognitiver Akt. Wir subsumieren wahrgenommene Merkmale und Eigenschaften unter ein vorhandenes abstraktes Wissen und stellen fest, dass wir es hier mit dieser oder jener Naturerscheinung zu tun haben.
Dieser bloß gegenständliche Wald beeindruckt nur wenig, vor allem: er berührt uns nicht. Er zeitigt damit auch keine heilsamen Wirkungen für unsere Seele, er bestätigt oder vermehrt allenfalls unser Wissen. Wenn ein solchermaßen erfahrendes Selbst seine kognitiv-begriffliche Konstruktionsarbeit abgeschlossen hat, erlischt in aller Regel auch sein Interesse am ‚Gegenstand' seiner Wahrnehmung, am Wald. Es benötigt neue Gegenstände, neue Objekte.
Für diese Tendenz zur Vergegenständlichung der Erfahrung ‚Wald' gibt es auch eine magische Variante: Die Vorstellung von ‚Waldgeistern' ist nichts anderes als eine solche Verdinglichung unmittelbarer atmosphärischer Eindrücke, die hier nicht wissenschaftlich-rational, sondern magisch vergegenständlicht werden. Wenn Menschen bereit sind, ihre Erfahrung (Konstruktion) ‚Waldgeister' auf ihre unmittelbare Erlebensgrundlage hin zu überprüfen, dann wird deutlich, dass dem ursprünglich ein atmosphärisch-qualitatives Erleben zugrunde liegt.

So sind wir zwar im Wald, aber wir sind nicht wirklich bei den Eindrücken des konkreten Waldes. Die darin zum Ausdruck kommende Entfremdung der Natur ist vielleicht eines der größten Verluste im Menschsein unserer Zeit. Die Dichterin Ingeborg Bachmann (1926 bis 1973) hat diese Entfremdung bei sich selbst gespürt und sie hat darunter gelitten:

In den Bäumen kann ich keine Bäume mehr sehen.
Die Äste haben nicht die Blätter, die sie in den Wind halten.
Vor meinen Augen flieht der Wald.
Was soll nur werden?

Der atmosphärische Wald

Ein ganz anderer Wald tut sich uns auf, wenn wir auch im bewussten Erleben wieder empfangsbereit werden für unmittelbare Eindrücke:

„Wenn wir in dieser Weise von der Natur sprechen, haben wir eine bestimmte, aber höchst dichterische Bedeutung im Sinn. Wir meinen die Ganzheit des Eindrucks, den mannigfaltige natürliche Objekte machen. Dies ist es auch, was das Scheit des Holzfällers vom Baum des Dichters unterscheidet." (R. W. Emerson, 1982, S. 14)

‚Ganzheit des Eindrucks' meint nicht: alle Merkmale und Funktionen eines natürlichen Objekts, sondern seine unmittelbar empfundene Präsenz. *Diese Welt* besteht (samt unserem Ich) aus dem zusammenhängenden Empfinden von Eindrücken, sie ist ein Empfindungsfeld, das keine Objekte und Subjekte im gegenständlichen Sinn benötigt.

Der atmosphärische Eindruck existiert ausschließlich im Modus der Gegenwärtigkeit und der Bewegung – nichts ist fixiert, alles fließt:

Wälder lagern
Bäche stürzen
Felsen dauern
Regen rinnt.

Fluren warten
Brunnen quellen
Winde wohnen
Segen sinnt.

In dieser Beschreibung atmosphärischen Naturerlebens von Martin Heidegger (1954, S.27) wird besonders deutlich, wie die Präsenz (das Sein) von Natur nicht als etwas Statisches, sondern als ein aktives, bewegendes Geschehen erlebt wird. Es handelt sich dabei um keine Projektion, einem nach außen verlagerten innerpsychischen Aspekt des Autors, sondern um ein ungegenständliches Empfinden *der Natur*: Dass ‚Felsen dauern' trage nicht ich in diese hinein, sondern beschreibt einen qualitativen Aspekt ihrer Präsenz, ein Aspekt ihrer Ausstrahlung, ihres Seins. Dass Felsen ‚dauern' ist auch nicht als eine Eigenschaft, ein Merkmal der Objekte ‚Felsen' gemeint, sondern als eine erlebte Qualität ihrer Präsenz.

Bei vielen Dichtern finden wir Beschreibungen atmosphärischen Naturerlebens, wie etwa bei Eduard Mörike (1804–1875) in seinem Gedicht:

Septembermorgen

Im Nebel ruhet noch die Welt,
Noch träumen Wald und Wiesen:
Bald siehst du, wenn der Schleier fällt,
Den blauen Himmel unverstellt,
Herbstkräftig die gedämpfte Welt
In warmem Golde fließen.

Im seinsbezogenen atmosphärischen Erleben ist Natur nicht nur objekthaft da, als Gegenstand unserer Wahrnehmung, abgetrennt von uns als wahrnehmende Subjekte. Hier hängt vielmehr alles noch zusammen, ist alles miteinander verbunden und das schließt ganz selbstverständlich auch mich selbst als den erlebenden Leib mit ein. Wir stehen zusammen in einem gemeinsamen atmosphärischen Raum und empfinden dabei Verbundenheit und Teilhabe – *durch alle Wesen reicht der eine Raum* (Rilke). Die Bedeutung des ungegenständlichen atmosphärischen Erlebensmodus für unsere Naturerfahrungen ist enorm: Unus mundus, eine Welt – wir sind verbunden mit der Natur, weil wir umfasst sind von derselben Atmosphäre, weil wir gemeinsam in der herbstlich gedämpften Welt stehen, in warmem Golde fließend (Mörike).

Aspekte atmosphärischen Erlebens

Atmosphärische Eindrücke werden sinnenhaft und konkret erlebt. Wir *haben* kein spezielles Organ dafür, sondern als Leibganzes *sind* wir dieses Organ – in unserem leiblichen Sein sind wir empfangsbereit für das Sein der Natur.
Atmosphärisches ist fließend, verändert sich ständig und ist nicht gegenständlich fixierbar als ein Etwas. Wir erleben Atmosphärisches meist als eine spezifische Stimmung, manchmal als einen spezifischen Klang, eine Musik oder einen Rhythmus, der in der Luft liegt. Atmosphärisches Erleben ist oft verbunden mit Sinneserfahrungen, aber nur, wenn wir im unmittelbaren sinnenhaften Erleben verweilen können und nicht vorschnell ein Etwas konzeptualisieren, *das* wir hören, riechen, sehen.
Atmosphärische Eindrücke sind immer Gesamteindrücke, Qualitäten der Stimmung, des Lichts, der Farbtönung etc., umfassen immer das Ganze. Sie sind *primär* in dem Sinne, dass

wir die Gesamtheit eines Eindrucks empfinden, ehe wir einzelne Gegenstands-Merkmale wahrnehmen, dass wir eine Gestalt als Ganzes gewahr werden, ehe wir ihre einzelnen Bestandteile erkennen. Deshalb empfinden wir in diesem Erlebensmodus häufig Fülle, gesammeltes Sein, ein (ungegenständliches) Ausgefülltsein.

All dies beschreibt nicht ein besonders kompliziertes, besonders ‚mystisches', sondern ein uns ganz nahe liegendes, ursprüngliches Erleben. Auch die Kunst des Umgangs mit Menschen in allen Lebensbereichen ist vor allem eine Kunst des Umgangs mit atmosphärischen Eindrücken. Wenn wir das Wesen eines Menschen erfassen wollen, dann gelingt uns das nicht durch dessen Objektivierung anhand von bestimmten Merkmalen. Das Sein eines Menschen, sein Wesen, vermittelt sich uns durch seine spezifische atmosphärische Präsenz, durch seine Ausstrahlung, egal, was er tut oder kann – und sie wird für uns nur spürbar, wenn wir uns von ihr unmittelbar beeindrucken lassen und sie spüren können.

Atmosphärische Qualitäten des Waldes

Der Wald hält eine Fülle von verschiedenen atmosphärischen Eindrücken für uns bereit. Wir erleben die Präsenz des Waldes häufig als **Stille**, wenn er eine spezielle atmosphärische Dichte aufweist. Mit Stille ist also nicht die *Abwesenheit* von Geräuschen gemeint (gegenständlicher Modus), sondern die Qualität einer *Anwesenheit*. Die Stille des Waldes hat häufig bergende Qualitäten, eine Qualität, die uns einhüllt – wir fühlen uns vom Wald geborgen, geschützt. Dieser bergende Wald ist nicht leer, sondern voll von atmosphärischer Lebendigkeit, von zwitscherndem Geraschel, vorbeihuschendem Lugen und trägem Ruhen.

> Ein anderer Aspekt des atmosphärischen Waldes ist der *‚dunkle Wald'*: „*Ich bin der Wald voll Dunkelheit und Nässe. Ich bin der Wald, den du sollst nicht besuchen …"* (Johannes R. Becher, 1891–1958)
>
> Die Reduktion von Licht nimmt uns die gewohnten äußeren Objekte mit ihren sichtbaren Merkmalen und weckt innerpsychische Bilder und Phantasien in einem Ausmaß, wie wir es nur von unseren Träumen in der Nacht her kennen, oft mit Ängsten oder gar Panik im Gefolge. Eine derartige psychische Reaktivität beeinträchtigt jedoch unsere eigene Empfänglichkeit für das atmosphärisch Dunkle des Waldes. Es bedarf einiger Übung, trotz der unser Erleben überflutenden Affekte, offen und empfangsbereit zu bleiben für das unmittelbare Erleben des Dunklen.
>
>> „Wenn uns dies gelingt, dann kann es sogar geschehen, dass numinose Qualitäten in den Vordergrund rücken: ‚Wenn ich Erholung brauche, suche ich den dunkelsten Wald, den undurchdringlichsten, ausgedehntesten und – für den normalen Bürger – trübseligsten Sumpf auf. Ich betrete ihn wie einen heiligen Ort, wie ein sanctum sanctorum. Dort ist die Kraft, das Mark der Natur.'"
>> (H.D. Thoreau, 2001, S. 51)
>>
>>> Viele Menschen suchen solche Kraftorte in der Natur, die ihnen numinose Erfahrungen, Erfahrungen **des Heiligen**, ermöglichen sollen. Sie sind sich

dabei jedoch meist nicht im Klaren, dass wir dies nicht bewusst herbeiführen können, dass numinose Qualitäten allenfalls wie ein ‚Geschenk' im offenen Modus unmittelbaren Erlebens auf uns zukommen. Etwa, wenn wir in einen Buchenwald eintreten, unser Blick nach oben geht zum hellen Laub, das auf uns wirkt wie Wolken am Himmel, getragen von mächtigen, silbergrauen Buchensäulen, wenn uns Erhabenheit umfängt.

Im dunklen Wald können wir auch **das Bedrohliche** spüren. Ich meine damit nicht das projektive Erleben eigener bedrohlicher Phantasien, sondern einen realen Eindruck, eine reale Stimmung: Es gibt das Bedrohliche im Sein, es gibt den Tod. Naturräume können sogar feindselige Atmosphären aufweisen – wir treten in ein Feld und spüren Feindseligkeit, noch ehe wir irgendetwas wissen, irgendwelche feindseligen Aktivitäten wahrnehmen.

Auch in unseren heimischen Wäldern gibt es Bereiche, in denen wir das atmosphärisch **Wilde** erleben können. Henry David Thoreau, ein leidenschaftlicher Liebhaber des Wilden (‚Die Wildheit garantiert die Erhaltung der Welt.') hat diese Qualität im Eindruck erlebt, den die wilde haarige Blaubeere im Wald auf ihn machte:

„*Hier wächst die haarige Blaubeere, wie sie es in Squaw Sachems Tagen und tausend Jahre davor tat, und sie berührt mich vielleicht mehr als sie. Ich habe keinen Zweifel, dass ich für einen Augenblick genauso empfinde, wie wenn ich allein in einem Sumpf in Rupert's Land (in Labrador, Anm. d. Verf.) wäre, und es spart mir die Mühe, dorthin zu fahren; denn was macht schließlich den Unterschied zwischen Hiersein und Dortsein aus, wenn nicht viele solche kleinen Unterschiede in Aroma und Rauheit zusammenkommen? (...) Es ist umsonst, wenn wir von einer Wildnis träumen, die in der Ferne liegt. So etwas gibt es nicht. (...) Nie werde ich im fernsten Labrador eine größere Wildnis finden als in einem Winkel in Concord, d. h. als die, welche ich dort erlebe.*"
(Tagebuch, 30. August 1856)

Ein atmosphärischer Erlebensraum öffnet sich für uns nur, wenn wir als Leib, der wir sind, offen in der Unmittelbarkeit des erlebten Eindrucks verweilen können. Dann können auch die Dinge und Gegenstände mit ihren Merkmalen und Eigenschaften transparent werden für Qualitäten ihrer Präsenz: Die Welt der Objekte und Gegenstände, die eine Welt des Habens ist, wird durchlässig für die Welt des Seins, die eine Welt der Qualitäten, der Atmosphären und Stimmungen ist. Im atmosphärischen Wald erleben wir das Sein des Waldes, unmittelbar und eindrücklich. Diesem Wald können wir uns gänzlich überlassen.

Der Zauber dieses Waldes liegt in dem Zauber seines unverfälschten Seins – er ist ganz eingelassen in das, was er ist. Es ist der Zauber, der entsteht, wenn Leben ganz bei sich

selbst ist. Diesem Wald, dieser Natur gegenüber erleben wir Menschen geradezu einen Mangel an Sein.
Die atmosphärische Natur, die stimmungsvolle Natur ist die beseelte Natur – nur sie vermag uns zu berühren, nicht die Gegenstands-Natur mit ihren Eigenschaften und Merkmalen. Und: Sie ist pure Gegenwart, sie existiert nur im Augenblick, ihrer können wir nicht habhaft werden.

Dieser Wald existiert nicht als Gegenstand in unserem Kopf, sondern hier auf der Erde.

Wald als Beziehung

Conrad Ferdinand Meyer (1825–1898) beschreibt in seinem Gedicht „Jetzt rede Du", wie er in Beziehung tritt zum Wald:

Du warst mir ein täglich Wanderziel,
vielliebter Wald, in dumpfen Jugendtagen
ich hatte dir geträumtes Glück so viel
anzuvertraun, so wahren Schmerz zu klagen.

Und wieder such ich Dich, du dunkler Hort,
und deines Wipfelmeers gewaltig Rauschen –
jetzt rede du! Ich lasse Dir das Wort!
Verstummt ist Klag' und Jubel. Ich will lauschen.

Das *Ich* des Dichters taucht wieder auf, aber nicht mehr vollständig eingebunden in die eigenen Bedürfnisse und Impulse (‚Verstummt ist Klag und Jubel'), sondern als ein empfangsbereites Ich, das offen ist für das Andere, für das Du. Dieses Ich ist weit mehr als sein (Ich)Bewusstsein, es ist das Zentrum der wahrnehmenden Präsenz des Leibganzen: Ich bin ganz Ohr – *„Ich will lauschen."*
Dieses Ich vollzieht jetzt eine entscheidende innere Bewegung. Es wendet sich dem Wald zu und sagt: *„Jetzt rede du!"* Diese Hinwendung leitet einen qualitativ andersartigen Erlebensmodus ein, den Modus der Begegnung. Was mir jetzt entgegenkommt, das nehme ich nicht nur wahr, das empfinde ich nicht nur, das begegnet mir. Und das, was mir begegnet, das sind nicht eigene psychische Inhalte, nicht Gegenstände und Objekte, nicht ein bloß Atmosphärisches, was mir jetzt begegnet – *das bist du*.

Wir sprechen ‚das Grundwort Ich-Du', so drückt es der Philosoph Martin Buber aus. Wenn wir dies tun, dann ist der Wald nicht nur ein Ding unter Dingen, aus ‚etwas' beschaffen, er ist auch nicht nur ein unpersönliches atmosphärisches Feld. Der Wald, zu dem wir dieses Grundwort sprechen, dem gegenüber wir diese Geste vollziehen, zu diesem Wald treten wir in eine persönliche Beziehung ein.
„Ich lasse Dir das Wort!" Wenn wir du sagen, dann kommt uns etwas entgegen, das kein ‚Etwas' ist – dieses ‚Wort' ist kein Inhalt, auch nicht im Sinne einer Symbolsprache, schon

gar nicht im Sinne irgendwelcher projektiver Ratschläge. Wenn der Wald, eingefasst in die Beziehung zu mir, jetzt zu mir ‚spricht', dann lege ich ihm nicht mein eigenes Wort in den Mund, denn wenn wir du sagen, dann sind wir herausgetreten aus dem Raum ständiger Selbstgespräche. Der Wald selbst ist die Antwort, die Resonanz – nicht nur als Gegenstand, nicht nur in seiner atmosphärischen Präsenz, sondern jetzt auch als Du.

Wenn wir in der Begegnung mit dem Baum du sagen zu ihm, dann gibt es keine Abstraktion, der Baum behält seine volle Konkretheit und damit seine Einzigartigkeit. Wir haben nur mit diesem einen Baum zu tun, mit dem ich in Beziehung bin, auf den ich mit meinem Sein antworte.
In der Begegnung verändert sich für uns alles. In der Begegnung erfüllt sich unser Menschsein, denn am Anfang unseres Lebens steht nicht das Streben nach Autonomie, sondern das Beziehungsstreben.

Diese Sichtweise, dass die Beziehung eine Bedingung unseres Menschseins ist, hat inzwischen auch breite empirische Evidenz erlangt, etwa durch die Bindungsforschung (Bowlby / Ainsworth) und durch die neuere Säuglings- und Kleinkindforschung, wie sie vor allem von Daniel Stern umfassend beschrieben und interpretiert wurde (‚The interpersonal world of the infant' – Die zwischenmenschliche Welt des Säuglings). Danach ist die grundlegende Bezogenheit des Menschen ein angeborenes, primäres Motivationssystem, wobei die Art und Weise, wie dieses realisiert wird, kulturell und individuell sehr unterschiedlich sein kann:

> „Diese neue Sichtweise beruht auf der Annahme ... unsere Psyche ist mit der uns umgebenden physikalischen Umwelt verwoben, wird partiell durch sie erzeugt und durch Interaktionen mit anderen Psychen konstituiert. ... Dieser offene Austausch verleiht der menschlichen Psyche ihre Form und ihr Wesen. Eine der Konsequenzen dieser Sichtweise ... besteht darin, dass die Psyche von Natur aus ‚intersubjektiv offen' ist ... Das bedeutet, dass der Mensch eine mentale Grundfunktion besitzt, die bewirkt, dass wir ‚den Anderen ... als verkörpertes, dem Selbst vergleichbares Wesen erleben' (Thompson, 2001, S. 12) ... Wir sind darauf vorbereitet, Teil der intersubjektiven Matrix zu werden, die eine Bedingung des Menschseins ist."
> (Stern, 2004, S. 108)

Der Philosoph Martin Buber hat diese wesenhafte Bezogenheit des Menschen so beschrieben: *„Es ist eben nicht so, dass das Kind erst einen Gegenstand wahrnähme, dann etwa sich dazu in Beziehung setzte; sondern das Beziehungsstreben ist das erste, die aufgewölbte Hand, in die sich das Gegenüber schmiegt ... Im Anfang ist die Beziehung: als Kategorie des Wesens, als Bereitschaft, fassende Form, Seelenmodell; das A priori der Beziehung; das eingeborene Du."* (M. Buber, 1974, S. 36)

Wenn wir *du* sagen, dann verändert dies alles: Ich meine *dich*. Und dieses Wort wird gesprochen von einem Ich, das in seinem Wesen ein Du ist. Wir sind als Mensch ‚von Kopf bis Fuß' auf Beziehung eingestellt, auch gegenüber der Natur. Der Wald als Beziehung, als du, ist nicht Ausdruck einer infantilen Vermenschlichung der Natur, sondern einer zutiefst menschlichen Art, in der Welt zu sein.

Fazit

Der Erfahrung Wald können ganz unterschiedliche Erfahrungsmodi zugrunde liegen. Das heißt: Wenn wir von der Erfahrung ‚Wald' reden, dann ist längst nicht klar, was wir damit meinen. In welchen Wald gehen wir eigentlich, wenn wir in den Wald gehen?

Es war nicht das Ziel dieser Betrachtung, einen bestimmten Erfahrungstypus als ‚richtiger' oder ‚besser' darzustellen. Jede der hier aufgezeigten Modi hat ihre Zeit, ihren Platz, ihre Wirkung: Der *gegenständliche Wald* macht Sinn für uns, wenn es um ein Wissen, um einen wissenschaftlichen Diskurs oder um zielgerichtete Funktionen geht wie beim Beobachten, Nutzen oder Schützen des Waldes. Der *psychische Wald* ist ein Naturraum für Selbsterkenntnis und Heilung insbesondere durch projektives Erleben und Inszenierung unbewusster innerer Bewegungen. Der *atmosphärische Wald* hat Bedeutung vor allem dadurch, dass er unsere leib-seelische Befindlichkeit günstig beeinflusst, unsere Gestimmtheit und vor allem unser Empfinden von Eingebundensein und Getragensein, d. h. unser gesamtes Daseins- und Lebensgefühl. Der *Wald als Beziehung* ist der Wald, zu dem Ich ‚du' sage, der durch sein Sein mich persönlich anspricht. Der Wald, in dem sich mein Menschsein als ‚aufgewölbte Hand', d. h. in seinem ursprünglichen ‚In-Beziehung-Sein' wieder finden kann.

Dabei geht es nicht um ein Entweder-Oder, sondern um ein Sowohl-als-auch, insbesondere um ein *Durchlässigwerden* der Schichten des Eigen-Psychischen und des konstruierten Gegenstandes für atmosphärisches Sein und für Begegnung.

Die Einsicht, die wir dabei gewinnen können: Unser (Er)Leben ist nicht nur ein Reflex auf faktisch Vorhandenes. Wir haben ganz offenkundig Gestaltungsraum, Spielraum. Damit ist nicht gemeint, dass wir uns beliebig irgendeinen Wald, irgendeine Welt zurechtzimmern können, etwas, was uns gerade passt – das hat keinen Boden und trägt uns nicht. Aber wir haben Einfluss, Gestaltungsmöglichkeiten hinsichtlich der Weisen (Modi), mit denen wir die Welt und uns selbst erfahren.

Epilog

Das In-der-Natur-Sein des Menschen, gerade wenn es nicht mehr dem Überlebenskampf dient, sondern um seiner selbst willen Bedeutung bekommt, ist ein Aspekt menschlicher Kultur.
Hierin können wir auf eine wertvolle eigene Tradition zurückblicken. Insbesondere in der Geschichte der griechischen Philosophie, z. B. bei den Epikuräern, den Stoikern und Neuplatonikern finden wir unzählige Beispiele, welch hohes Niveau die menschliche Kultur des In-der-Natur-Seins bereits erreicht hat. Goethe, Emerson, Thoreau, um nur einige zu nennen, haben neuzeitlich daran angeknüpft und sie weitergeführt.

Betrachten wir den Stand unserer Kultur des In-der-Natur-Seins heute, dann zeigt sich, gemessen am bereits Erreichten, ein Verlust, der vor allem ein Verlust an Differenziertheit und Tiefe des Erlebens ist. Es mangelt uns nicht an rationalen Gründen für häufigere Naturaufenthalte, an Argumenten, wozu sie dienlich und nützlich sind, es mangelt auch nicht an hehren und moralischen Zielen, mit denen wir unsere Naturaufenthalte oft einfärben – aber alle diese Motivationen können es nicht verdecken: *„Um die Wahrheit zu sagen, wenige Erwachsene können die Natur sehen."* (Emerson)

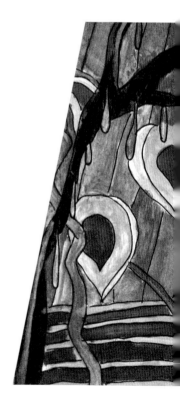

Es macht eben einen Unterschied, ob unser Sehen, unser Erleben offen ist für eine Vielzahl von Eindrücken oder vorschnell aus wenigen Merkmalen eindrucksarme Dinge abstrahiert, ob es auf das Sein der Natur gerichtet ist oder ob sich für uns in der Natur projektiv nur eigenes Sein spiegelt, ob wir einen konkreten Baum erleben oder nur den Stellvertreter einer Gattung, ob wir selber und die Natur in eine Beziehung eingefasst sind oder ob wir uns kontakt- und beziehungslos in der Natur aufhalten, ob unser Naturerleben bloß ein kognitiver Akt des Bewusstseins oder eine Tätigkeit des Leibganzen ist, die alle Erlebensbereiche umfasst, auch die seelischen. All dies macht einen Unterschied.

Die Frage, ob wir den Wald, die Natur überhaupt sehen ist keine Frage unseres Könnens, unserer Wahrnehmungsfunktionen, sondern eine Frage unseres Seins, unseres Menschseins.

„In den Wäldern ... herrscht Würde und Heiligkeit. In den Wäldern kehren wir zur Vernunft und zum Glauben zurück. Dort ... schwindet alle eitle Selbstgefälligkeit dahin. Ich werde zu einem durchsichtigen Augapfel; ich bin nichts; ich sehe alles. (...) In der ruhigen Landschaft, und besonders in der weit entfernten Linie am Horizont, erblickt der Mensch etwas, das so schön ist wie seine eigene Natur. – Die größte Wohltat, die uns Felder und Wälder gewähren ... : Ich bin nicht allein und unerkannt. Sie neigen sich mir zu, und ich neige mich ihnen zu."
(Emerson, 1988, S. 16f)

Wer die Natur so sehen kann, wer so erleben kann, der hat nicht nur seine Beziehung zur Natur, der hat auch sein Menschsein vertieft.

Dr. Wernher P. Sachon, Jahrgang 1948, Bad Wörishofen

Anmerkung: Dieser Beitrag ist eine gekürzte Version eines gleichnamigen Aufsatzes. Dieser kann erhalten werden über die Schule für Naturtherapie, Postfach 1620, 86819 Bad Wörishofen

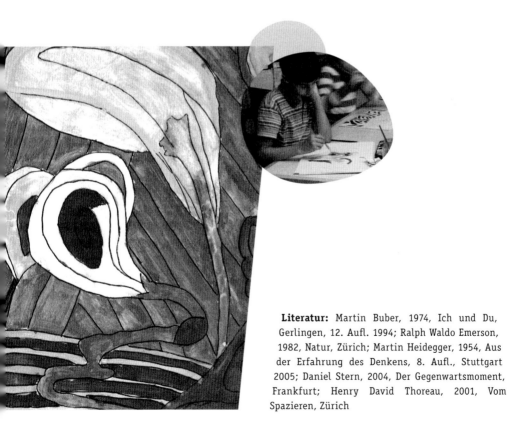

Literatur: Martin Buber, 1974, Ich und Du, Gerlingen, 12. Aufl. 1994; Ralph Waldo Emerson, 1982, Natur, Zürich; Martin Heidegger, 1954, Aus der Erfahrung des Denkens, 8. Aufl., Stuttgart 2005; Daniel Stern, 2004, Der Gegenwartsmoment, Frankfurt; Henry David Thoreau, 2001, Vom Spazieren, Zürich

ZITATE DICHTER UND DENKER

IM WALD HERRSCHT EINE UNVERSTÄNDLICHE ORDNUNG, DIE FÜR DEN VERSTAND WIE EIN CHAOS AUSSIEHT. SIE GEHT ÜBER KATEGORIEN WIE GUT UND SCHLECHT HINAUS. DURCH DENKEN KANNST DU SIE NICHT BEGREIFEN, ABER WENN DU VOM DENKEN ABLÄSST, GANZ STILL UND WACH BIST UND NICHT VERSUCHST, SIE ZU VERSTEHEN ODER ZU ERKLÄREN, KANNST DU SIE SPÜREN.

Eckhard Tolle

BÄUME SIND GEDICHTE, DIE DIE ERDE IN DEN HIMMEL SCHREIBT.

Khalil Gibran

ALLES IST GLEICHNIS. JEDE KREATUR IST EIN SCHLÜSSEL ZU ALLEN ANDEREN.

J. M. Coetzee

**MÜSSET BEIM NATURBETRACHTEN
IMMER EINS WIE ALLES ACHTEN.
NICHTS IST DRINNEN,
NICHTS IST DRAUSSEN,
DENN WAS INNEN,
DAS IST AUSSEN.**

Johann Wolfgang von Goethe

**DURCH ALLE WESEN REICHT DER EINE RAUM:
WELTINNENRAUM. DIE VÖGEL FLIEGEN STILL
DURCH UNS HINDURCH. O, DER ICH WACHSEN WILL,
ICH SEH HINAUS, UND IN MIR WÄCHST DER BAUM.**

Rainer Maria Rilke

Herbert Dohlen

MEDIENWORKSHOPS & UMWELTKOMMUNIKATION

Das Kommunikationsverhalten der Gesellschaft, insbesondere das der jüngeren Generationen, hat sich in den zurückliegenden Jahren grundlegend verändert. Die von Kindern und Jugendlichen in den letzten Jahren verstärkt genutzten Kommunikationsmedien wie Handy, Video oder Internet, mit deren Hilfe Bilder und Informationen weltweit über Videoportale wie YouTube, MySpace, MyVideo, Clipfish, GoogleVideo, google.earth verbreitet werden, gibt Anlass zur methodischen Differenzierung und Neuorientierung von Umweltkommunikationsprojekten. Sollen sich Jugendliche wieder mehr für Umweltthemen, Umweltschutz und nachhaltige Entwicklung interessieren, ist eine andere, innovative und moderne Umweltkommunikation notwendig. Unter dieser Vorraussetzung bedeutet kommunizieren, Umweltthemen im Zusammenhang zu verstehen und artikulieren zu können. Bedeutet auch, Wissen durch aktive Teilnahme an Umweltprojekten aufzubauen und Erfahrung weiter zu geben. Denn ohne Wissen und Erkennen gibt es kein Handeln.
Kommunikation in Umweltprojekten ist daher mehr als nur ein Übertragungs- und Öffentlichkeitsprozess, Kommunikation ist integraler Bestandteil einer Projektstrategie. Projekte, bei denen multimediale Aufgabenstellungen mit einbezogen werden, ermöglichen den Teilnehmenden, Wissen zu erleben und zu reflektieren. Analyse, Recherche und Inhalte stehen auf der einen Seite, die Vermittlungsformen der gewonnenen Erkenntnisse sowie Methoden der Kommunikation auf der anderen Seite.
Durch „learning by designing" wird Gestaltungskompetenz vermittelt, die die Diskussion sozialer und ökologischer Themen mit der Öffentlichkeit nachhaltig bereichert. Denn die richtig gewählte Form der Umweltkommunikation bedient nicht nur das naheliegende, vertraute gesellschaftliche Umfeld, sondern richtet sich auch an die Gruppen unserer Gesellschaft, die andere Einstellungen und Lebensstile vertreten als die eigene. Weniger nachhaltige soziale und umweltschonende Verhaltensweisen können so reflektiert und kritisiert werden und Vorschläge zu einem Umdenken und anderem Umgang mit der Umwelt vorgeschlagen werden.

Eine konkrete Möglichkeit, um das zu üben, sind Medienworkshops. Sie verfolgen das Ziel, Jugendlichen genügend Wissen und Kenntnisse zu vermitteln, um Themen aus dem Bereich Natur, Umwelt und Soziales auf individuelle und kreative Art selbstgestaltend zu entwickeln und medial wiedergeben zu können. Medienworkshops – wie die in dem Projekt „Der Wald in uns" realisierten – erstrecken sich in der Regel über einen Zeitraum von vier bis sechs

Wochen. In diesem Fall wurden verschiedene Videobeiträge bzw. -formate erarbeitet: Umwelt-Spots, Kurzfilme, Dokumentarfilme, Reportagen und Berichte.

In Medienworkshops lassen sich drei Arbeitsphasen unterscheiden:
1. Analyse-, Planungs- und Vorbereitungsphase, in der von der Filmidee bis hin zur Fertigstellung des Drehbuchs alles organisiert und festgeschrieben wird.
2. Präsenzphase von durchschnittlich 4–6 Tagen. In dieser Zeit gestaltet die Gruppe die Aufnahmen bis hin zum Grobschnitt des Beitrags, erstellt eine erste Pre-Edition der eigenen Filmidee.
3. In der Postproduktion wird schließlich der mediale Gruppenbeitrag aufgearbeitet sowie ton- und bildtechnisch verfeinert. Die endgültige Filmversion wird erstellt.

Ein gut sortierter und einfach zu handhabender Medien-Werkzeugkasten mit verschiedenen Kameras, mobilem Schnittcomputer, Tonequipment und Beleuchtungsrequisiten soll dabei selbsttätiges Lernen und Gestalten in allen Phasen des Projektes ermöglichen.

In den Mediengruppen des Projekts „Der Wald in uns" war ein engagiertes und vielfältiges Interesse an der Gestaltung eigener Filmbeiträge festzustellen. Legte die eine Gruppe Wert auf die Produktion eines gesellschaftskritischen Kurzfilms, widmete sich die andere eher einem romantischen Aspekt der Waldthematik. Eine dritte Schülergruppe erstellte Reportagen zum Thema Waldschadensforschung und nachwachsende Naturressourcen, die vierte einen Dokumentarfilm über LandArt.

Zusätzlich zu den oben genannten Kompetenzen bieten Medienworkshops die Chance, Abstimmungs- und Koordinierungsprobleme sowie Teamarbeit und Teamstrukturen kennen zu lernen. Die Festlegung und Verteilung von Aufgaben und Funktionen wie Drehbuchautor(in), Regie, Kameramann(frau), Tontechniker(in), making of, Edition etc. sind wichtige Lernmöglichkeiten.

Der bekannten jugendlichen Naturentfremdung könnte u. a. durch den Einsatz Neuer Medien entgegen gewirkt werden. Auch den Katastrophenmeldungen, idealistischen Darstellungen der Natur oder Tabuisierung von Nutzungsgedanken könnten Beispiele eigener Erarbeitung und Gestaltung entgegen gesetzt werden.

Medien bilden Meinungen und klären auf. Sie richten sich an ein breites Publikum und können dazu beitragen, Veränderungen im Umgang mit der Natur zu bewirken.

Herbert Dohlen, Jahrgang 1958, Göttingen

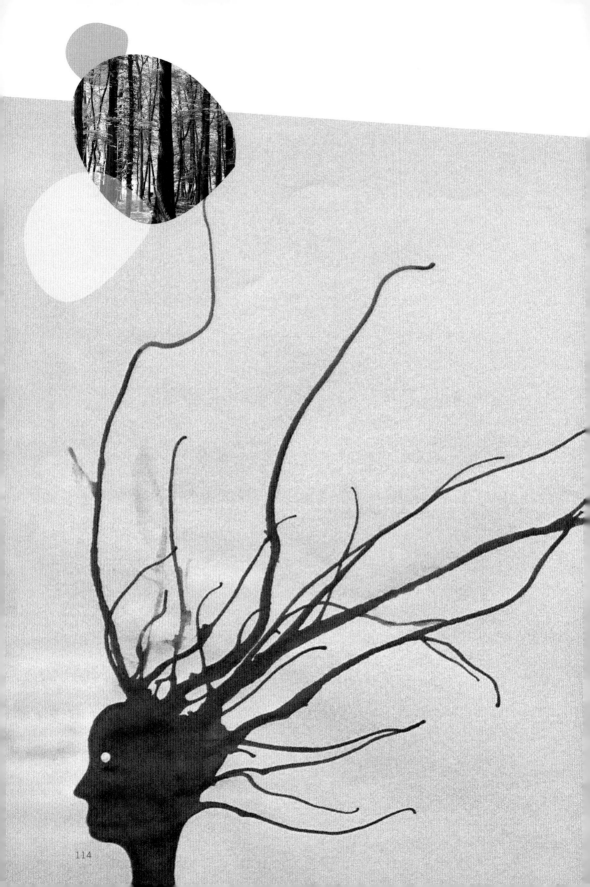

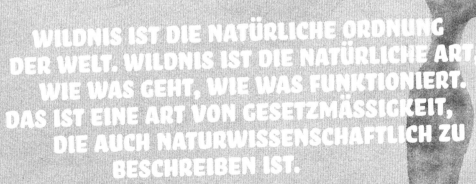

WILDNIS IST DIE NATÜRLICHE ORDNUNG DER WELT. WILDNIS IST DIE NATÜRLICHE ART, WIE WAS GEHT, WIE WAS FUNKTIONIERT. DAS IST EINE ART VON GESETZMÄSSIGKEIT, DIE AUCH NATURWISSENSCHAFTLICH ZU BESCHREIBEN IST.

Wolfgang Peham, Leiter der Wildnisschule Hannover

5-WORT-GESCHICHTE

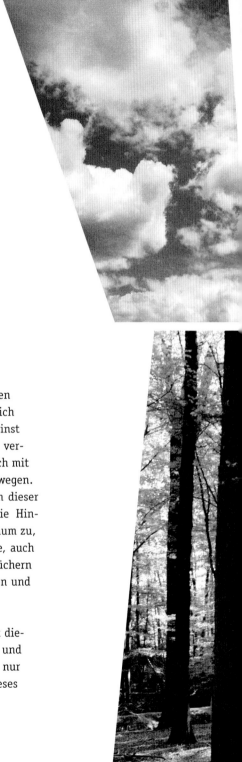

Aus den folgenden fünf Wörtern einer anderen Teilnehmerin, die die Autorin gezogen hat, entstand die Geschichte:

HIMMEL
WEG
BAUM   WASSER
ERDE

Mein Weg führte am Wasser entlang über grüne Wiesen, Felder mit fetter Erde, alles unter einem unglaublichen Himmel. Er lief auf einen Baum zu, eine mächtige Eiche, die an einem Kreuzweg stand. Was hatte man mir im Ort gesagt? „Am Galgenbühl müssen Sie links abbiegen, dann kommen Sie wieder ins Tal."

Galgenbühl? Ja, Galgenbühl! Ich hatte mir bei diesen Worten nichts weiter gedacht. Aber jetzt überlief mich eine Gänsehaut. Dort an dieser Eiche hatten einst Menschen gehangen – lange! Die Raben hatten ihnen vermutlich die Augen ausgepickt. Vielleicht waren sie auch mit Pech übergossen worden – der längeren „Haltbarkeit" wegen. Die Abschreckung musste ja wahrscheinlich dauern in dieser lieblichen Gegend, in der Mord und Totschlag sowie Hinrichtungen, selten waren. Zögernd ging ich auf den Baum zu, suchte unter ihm ganz verstohlen nach einer Alraune, auch Henkerswurzel genannt. In kriminalmythologischen Büchern hatte ich gelesen, dass sie aus dem vergossenen Samen und Ausdünstungen der Gehenkten erwachsen.

Nein, nein – Schluss mit diesem Spintisieren, weg mit diesen Gruselphantasien. Schnell wandte ich mich ab und strebte zurück in den Ort. Auf meinem Weg sah ich nur diesen unglaublichen Himmel, dachte nur an dieses fruchtbare und friedliche Land.

Dr. Karin Gundel, Jahrgang 1941, Göttingen

IM NAHEN DIE FERNE

Ein Sonnentag im Frühling, endlos blauer Himmel. Ich will in die Ferne und gehe hinaus ins Freie. Soll ich am Fluss entlang radeln? Oder spazieren gehen? Nichts davon bringt mich so recht in Bewegung. Alles ist zu nah, zu gewohnt. Soll ich mit dem Auto auf den Strassen hinausfahren, über die Dörfer, in eine Stadt? Ins Museum, in die Kirchen oder Schlösser gehen, im Straßencafé sitzen? Oder alte Dörfer besichtigen, die es der Stadt nachmachen mit ihren sauberen Vorgärten, wo ein Blumenkübel den kurz geschorenen Rasen ziert und auf Plattenwegen keiner geht?

Gärten sind der Spiegel der Seele. Die üppigen Bauerngärten sind verschwunden, die Obstwiesen und Heckenwege eingeebnet, die wilde Natur erfolgreich verbannt. Es ist zum Davonlaufen! Aber in welche Ferne? Große Wälder umgeben meinen Ort. Soll ich über einen holprigen Feldweg in den Wald laufen? Den hab ich gleich hier. Jetzt komme ich in Schwung.

Ich hole meine topographischen Karten hervor, suche einen abgelegenen Winkel, den ich noch nicht kenne, am liebsten ein Bachtal, das mich tief in den Wald führt und hinauf auf den Berg. Ich packe die Karte in den Rucksack, dazu Brot, Wasser, Apfel und Trockenfrüchte und fahre 20 km mit dem Auto bis an den Rand der Ferne. Nun muss ich den gestrichelten Weg der Karte finden, denn der offiziell sich darbietende Weg zerschneidet mir den Wald wie eine Strasse. Weder Füße, noch Augen wollen sich darauf einlassen. Es ist ein Holzweg, auf den man beidseitig am Wald vorbeiläuft, ohne darin anzukommen. Die heimlichen Nebenwege dagegen machen sich oft unsichtbar, sind vergrast und verlaubt, dass sie sich vom Erdboden kaum unterscheiden oder verschwinden hinter umgestürzten Bäumen. Sie führen gleich mitten in den Wald, auf weichem Boden. Bemoost und verwurzelt, schwingen sie sich zwischen den Baumstämmen dahin, dann verebben sie plötzlich, was auf der Karte nicht vorgesehen ist. Aber nach etlichem Suchen findet sich wieder eine Spur oder gleich mehrere, die mit etwas Glück wieder in einen Pfad münden, der bald beschwerlicher wird. In tiefen Rillen sammelt sich schwarzes Wasser, während auf den hohen Rändern nun wild durcheinander das Gestrüpp dicht gesäter Bucheckern wächst, als hätte der Wald sich auf sich selbst zurückgezogen und den Menschen ausgesperrt.

Die Wege wachsen zu. Denn wer geht sie noch? Kaum ein Jäger und selten der Förster. Niemals begegne ich jemandem auf diesen verwunschenen Pfaden, den nur Spuren von Wildschwein und Reh verraten. Meistens versumpfen solche Pisten ganz oder verlieren sich endgültig im Dickicht, das nah an den Bach gerückt ist. Dann muss ich nach Auswegen suchen, setze mich auf einen Baumstumpf und entfalte die Karte, auf welcher der Weg unbeirrt weitergestrichelt ist. Zurück zu gehen widerstrebt mir, etwas treibt mich weiter, ein stilles unbewusstes Suchen jenseits dieser Grenzen, die uns unser Bewusstsein von der Welt setzt.

Deshalb suche ich Wege ohne besonderes Ziel, die geheimen Wege des Waldes, die mich ins Unbekannte entführen. Ein Gefühl von Ungewissheit stachelt mich an und ich werde zur „Pfadfinderin", studiere die Lage, das Terrain, die Höhenlinien, die Möglichkeit, auf einen anderen Weg umzusteigen. Quer über den Bach oder durch den Wald, den Hang hinunter oder hinauf oder irgendwie ums Dickicht herum? Auf dem neuen Weg muss ich mir über Hanglage und Richtung klar werden und falls ich auf dem Holzweg bin, d. h. auf einem Hauptweg gelandet, muss ich wieder Pfade suchen, keine Abkürzungen, sondern langsame Nebenwege im Waldinnern, die in die Tiefe zur Quelle oder auf Bergeshöhen führen, Kammwege und alte Grenzwege. Ziel ist hier kein Ort, den ich im Wandern erreichen will, sondern das Gehen, das Weggehen, der Weg in die Ferne. Und wenn die Ferne kein bestimmtes Ziel ist, ist sie überall im Wald gegenwärtig. Der ist übrigens nirgends gleich, sondern wandelt sich stetig mit den Bäumen, dem Erdboden und den Wurzeln, den Hängen, Hügeln und Mulden, den Lichtungen, den Hochflächen, den Bächen und Sümpfen.

Ohne Wege im Wald gäbe es diese Ferne nicht, sie wäre unzugänglich, verschlossen. Auf den verborgenen Wegen gehe ich in sie hinein, und sie wird spürbare Wirklichkeit. Wege waren einmal die Verbindung von Mensch und Natur, aber sie wachsen langsam zu, da sie keiner mehr geht. Nur die festen Holzwege werden immer breiter, und im Innern des Waldes wühlen schwere Traktoren meine kleinen Wege auf, um die gefällten Baumstämme hinweg zu transportieren. Das zurückgebliebene Schlachtfeld ist wege- und bodenlos. Die Verbindung von Mensch und Natur ist hier gewaltsam unterbrochen. Sonst keine Menschenseele im Wald, kein Wanderer, nur Rehe und Wildschweine, die erschreckt davon springen. Ist das die Ferne? Die Menschenferne? Der Wald ist groß und wenn ich mittendrin bin, in der rauschenden Stille seiner Einsamkeit, erscheint er mir nach allen Seiten unermesslich. Die Natur steht dann nur noch für sich und atmet eine Zeit, die gemessen an den hohen Bäumen zwischen Himmel und Erde eine andere Dimension besitzt als unsere menschengemachte, kurzatmige Zeit. Natur und Zeit stimmen in der Stille überein, sie sind eins. Ich bin angekommen in der Ferne als einer Ahnung von kosmischem Atem.

So ist der Wald meine Wüste, mein Schneegipfel, aber ohne die Herausforderung einer Natur-Ferne am anderen Ende der Welt. Hier bin ich mitten in der Natur, die im Wald zwar nicht wild, aber am dichtesten ist, voller Leben und Nähe. Ich sitze nun auf einem bemoosten Erdhügelchen: das Sonnenlicht spielt auf dem fröhlich dahin gurgelnden Bachwasser, die Gräser erzittern

im Wind, die Bäume breiten ihre Kronen in einen wolkenlosen Himmel. Stille: das Bächlein gluckst, Vögel zwitschern hier und da, ein Zitronenfalter wiegt sich gelb in der Luft, rasant an meinem Butterbrot vorbei, ein zweiter schaukelt hinterher. Ich brauche nichts anderes als einfach da zu sein. Zeit ist am Ort: Gegenwart, Dasein. Das frühlingshafte Versprechen des Sonnentages ist erfüllt.

Die Ferne als Erleben von Nähe ist ein Paradox des Waldes. Das Heimelige und das Unheimliche: indem ich mich in die menschenferne Einsamkeit verliere und die Grenzen des Gewohnten zum Unsicheren, Unbekannten hin überschreite, ist es, als liefe ich in die Ferne. Und während mich der Weg immer weiter zieht und ich endlich das Gegenwärtige unmittelbar wahrnehme, verwandelt sich Ferne in Nähe. Denn ich bin angekommen im Hier und Jetzt, welches uns immer entgleitet und so unerreichbar scheint, dass wir es in der Ferne suchen.

Auch die Natur liegt uns heute fern. Im Wald, wo sie noch für sich steht, fallen Dasein und Ferne zusammen. Ist doch die Natur der ursprüngliche Lebensraum des Menschen, gerade dort, wo sie nicht nur wild, sondern auch kultiviert ist. In der Kultur des Waldes sind sich Mensch und Natur einst entgegen gekommen. Über die Wege.

Helga Fraysse, Jahrgang 1936, Hannoversch Münden

DIE KAMERA IM KOPF

Anhand des nebenstehenden Fotos schreiben die Beteiligten über die „Kamera im Kopf", über die inneren Bilder, die beim Betrachten aus unterschiedlichen Perspektiven entstehen.

Leere ... Industrielle Landwirtschaft ... Endlose Flächen ... Nutzlandschaft.
Da ist nicht einmal ein Weg, nur gerade Linien ... aber die Weite?

Ist diese Weite nicht großartig? Oder nur, weil da oben, fern am Rande des Horizonts, ein Baum ist. Gott sei Dank ein Baum!
Auf ihn läuft alles zu, ein rettender Blickpunkt. Ohne ihn wäre alles nur verlorene Weite. Eine Weite, in der auch ich verloren wäre.

Die endlosen Straßen, auch nur geradeaus, wann hört das endlich mal auf? Warum sind denn hier keine Bäume mehr? Keine Waldstückchen oder Heckenwege, die diese Öde zugänglich machen, gliedern, unterbrechen? Orte, an denen man mal verschwinden könnte.

Nur ein Baum, so fern, so durchsichtig, so unendlich einsam. Und doch bist du mir nah. Mir ist, als müsste ich durch diese endlosen Flächen, in denen die Linienfurchen gegeneinander laufen, zu dir hinlaufen, dich umarmen und trösten, da ich ja auch noch da bin.

So bin ich dir einen Augen-Blick lang verbunden. Die Öde zu durchlaufen ist schier unmöglich.

Helga Fraysse, Jahrgang 1936, Hannoversch Münden

Erdschollen, wie von einem Lineal gezogen, von unten nach oben geworfen. Auf so einem Feld reiften vielleicht vor ein paar Wochen Kartoffeln heran. Mächtige Erntemaschinen haben sie aus dem Boden gezerrt und über Laufbänder in den Anhänger geworfen.

Ich war zwölf, als ich das erste Mal Kartoffeln auflas. Der Anhänger eines Traktors lud mich mit vielen anderen beim Treffpunkt, dem „82er Platz", auf und brachte uns zum Feld. Wir bekamen Säcke, die zu füllen waren. Den Großteil der Kosten für mein Fahrrad habe ich mir mit zusammen gesuchten Kartoffeln verdient, Sack für Sack. In der Mittagspause – wir wurden vom Bauer verköstigt – sah ich Sabine. Dunkelbraune Haare, braune Augen, um die Nase herum viele Sommersprossen.

Eigentlich sehe ich heute nur noch die Sommersprossen, wunderschöne Punkte, die mich anlächelten. Ich habe kein Wort mit Sabine gesprochen. Sie war nicht schnell genug, und ich habe ihr geholfen, den Sack mit Kartoffeln voll zu machen. Sie lächelte mich an. Ich glaube, ich war zum ersten Mal verliebt.

Ich mag Kartoffeln. Ich hatte Sabine schon fast vergessen. Mit diesem herbstlichen Bild, dem abgeernteten Acker sehe ich sie seit Urzeiten wieder, ihre strahlende Augen, den zart lächelnden Mund, aber vor allem die vielen lustigen Sommersprossen. Sie hat mich sicher vergessen. Heute wird sie vielleicht rundlich, faltig und schwerfällig sein.

In meiner Erinnerung ist sie jung und schön. Und wenn Kartoffeln gekocht werden, das fällt mir jetzt ein, sehe ich bei den Knollen manchmal schwarze Punkte.
Sie sehen aus wie Sommersprossen.

Bernd Kühn, Jahrgang 1947, Göttingen

WALDSPAZIERGÄNGE

„Hast du Lust zu einem Spaziergang?" Deine Frage traf mich unvorbereitet. Ich sagte ja, weil ich mit dir zusammen sein wollte. „Ich denke, wir gehen durch den Wald", sagtest du. Durch den Wald! Und das Mitte April! Die Sonne zeigte sich nur sporadisch und mit Regen war jederzeit zu rechnen. Das bedeutete: dreckige Schuhe, vielleicht nasse Kleidung und anstrengend würde es auch werden. Ich bereute schon, ja gesagt zu haben, bevor wir den ersten Schritt nach draußen gemacht hatten.

Es war der Beginn von vielen Spaziergängen. Du zeigtest mir so viel und ich lernte zu erkennen. Nicht nur, den Wald zu sehen, auch zu riechen. Wir schmeckten den Wald und hörten ihn. Und wir hörten uns. Unsere Worte klangen anders als im Zimmer, auf der Straße oder im Auto. Wir erlebten die Weite der Natur und doch war unser Zusammensein von einer einzigartigen Intimität bestimmt. Es mag unsinnig klingen, aber wir hörten uns auch anders zu. Der Wald lenkte nicht ab, er verstärkte unsere Empfindungen.

Heute schließe ich manchmal meine Augen. Ich sehe dann den aus der Winterstarre erwachten Wald. Ich sehe die Wege, die wir gegangen sind. Im Geiste schaue ich nach oben und sehe die zartgrünen Blätter, die sich gerade aus der Enge der Knospen entfaltet haben. Die noch nicht geschlossene, so filigran wirkende Kuppel des Waldes. Es ist nur eine ganz kurze Zeit, in der sich der Wald zart, fast zerbrechlich und so frisch präsentiert. Frische, die man atmen kann, Sinnbild des erwachenden Lebens.

Ich habe mich von deiner Begeisterung für den Wald rasch hinreißen lassen. Teppiche aus Moos! Nie bin ich über etwas Weicheres und Angenehmeres gegangen als über diese wundervollen Naturkissen. Wer sagt, er schwebe auf Wolken, beschreibt damit einen körperlichen und geistig seelischen Zustand des Abgehobenseins. Dieses Erleben verbinde ich seitdem mit den federnden Schritten über dicht bemooste Waldwege. Ähnlich dem Waldboden, auf dem sich über die Jahrzehnte Tannennadeln übereinander geschichtet haben und jeder Schritt mit einem Nachwippen begleitet wird.

Ich denke zurück an unsere Waldspaziergänge Ende April, Anfang Mai. In dieser Jahreszeit konnte die Sonne noch recht ungehindert durch die unbelaubten Kronen der Eichenbäume die am Boden wachsenden Pflanzen erreichen. Wir sahen den Dunst aus dem erwärmten Waldboden aufsteigen, alles von einem weißbläulich schimmernden Schleier umhüllt. Wir gingen weiter und erreichten einen Buchenwald. Ganz oben in den Wipfeln erkannten wir die dicken Knospen an den Zweigen. Weiter unten, an den kleinen, direkt aus den grauen Stämmen heraus wachsenden Schösslingen hatten sich die Blätter indes schon entfaltet. Das Grün war noch so jung und unberührt und die Sonne durchschien es wie Pergamentpapier.

An den Wegerändern räkelten sich strahlendweiß blühende Schlehenbüsche. Die überlangen, gut sichtbaren, aber auch warnend ausladenden Stacheln an den Zweigen schienen sagen zu wollen: Schaut mich an! Bewundert meine Schönheit, aber zerstört sie nicht!

Unsere Gedanken begegneten sich oft, wenn wir den Wald durchzogen. Meist gingen wir auf den Wanderwegen. Zuweilen begaben wir uns aber auch auf kleine, verschlungene, oft überwucherte Pfade. In ihrer natürlichen Schönheit übertrafen die wild daher wachsenden Pflanzen alles, was ein Maler zustande bringen könnte. Rechts und links dieser kleinen Wegwindungen lagen abgestorbene Baumstämme, Äste und Zweige. Die Natur hatte begonnen, sich alles wieder zu holen. Und bei diesem Prozess modellierte sie am Holz prächtige Skulpturen. Baumstämme und Äste waren teilweise mit einem dichten Geflecht von Moosen und Farnen überzogen. Die verschiedenen Grünfärbungen, bis hin zu bräunlich gelben Farbtupfern regten unsere Fantasie an. „Das sieht aus wie ein grün-gesprenkelter Pelz", sagest du. „Als müsse sich das tote Holz vor der Kälte des vergangenen Winters schützen."
Andere rindenlose Äste und Zweige lagen ausgebleicht wie ein hellblasses Gerippe ungeordnet am Boden. Wehklagend, wie nach einem verlorenen Todeskampf reckten sich einige dürre Zweige mahnend in den Himmel. Wir sahen uns an, fasziniert von den Zeugen der Vergänglichkeit. Und im krassen Gegensatz dazu leuchtete uns kraftvoll das aus dem Boden

sprießende Grün entgegen. Ein unvergleichlicher, sonnenbestrahlter Kontrast. Hier das gewesene Leben, dort die junge Vitalität, die erwartungsvoll, vor Optimismus strotzende Lebensfreude. Alle Facetten des Lebenskreislaufs lagen vor uns. Wir bestaunten das Alltägliche, das Unspektakuläre. Wir sahen das Kommen und Gehen und wurden ehrfürchtig. Es ist keine bahnbrechende Erkenntnis, dass die wirklich spannenden Dinge sich tagtäglich in den Kleinigkeiten wieder finden. Das bewusst gemachte gemeinsam Erlebte machte uns auf eine bescheidene Weise glücklich.

Irgendwann lag sie vor uns. Eine kleine, von vielen Bäumen und Büschen umrahmte Lichtung. Morsche Baumstümpfe, überzogen von Flechten und Moosen, ragten wie Grabmale aus dem Boden. Wie ein allumspannendes Leichentuch legte sich das sprießende Grün über das verwesende Wurzelwerk. „Die Natur ist gnädig", sagte ich. „Sie verdeckt liebevoll den Prozess der endgültigen Vernichtung." „Nicht Vernichtung", sagtest du „und schon gar nicht endgültig. Es verwandelt sich. Der Tod ist zugleich die Geburt neuen Lebens."
Wenig weiter lag ein von Sonne, Wind und Regen gebleichtes und bearbeitetes Geäst, ein von der Natur geschaffenes Monument. Kein Bildhauer hätte ein solches Meisterwerk zustande bringen können. „Nehmen wir die natürliche Schönheit mit?" fragte ich. Du lächeltest mir zu. Ganz langsam neigte sich dein Gesicht verneinend nach rechts und dann nach links. „Du hast Recht, sagte ich." Nur hier an diesem Ort, der gleichsam Geburt und Tod dokumentiert, würde es wirken, das Grabmal und das Signal des Lebens, wovon die Efeuranken zeugten, die sich zögernd diesen Gegenstand erkletterten. Es war gewiss, nur hier wirkte alles zusammengehörig.

Wir gingen weiter. Ein Wind zog auf, und der Wald bewegte sich. Sanft bogen sich die Fichten und Kieferstämme. Wir hatten den Eindruck, die Baumwipfel oben am Himmel tuschelten miteinander. Die alten mächtigen Eichenstämme hingegen bewegten sich nicht, sie standen majestätisch da. Nur die dünnen Zweige in der kahlen Krone zitterten leicht.

Am Wegrand waren zu Meterenden Holzstämme aufgestapelt. Da lagen sie nun, am Ort ihrer Kindheit und Jugend, von Menschen in Form gebracht, bereit sich verwenden zu lassen. Wir rochen an den frischen Schnittstellen und sogen den herb würzigen Duft des Harzes ein. Wie immer, wurden unsere Spaziergänge von zahlreichen Gerüchen begleitet. Die erwachende Natur ist im Frühling ein Mix aus den unterschiedlichsten Aromastoffen. Die aufsteigende Feuchte des Bodens roch moderig. Es war ein Wohlgeruch. Auch das verwesende Holz roch nicht nach Fäulnis oder übler Ausdünstung.

Auch unsere Ohren schienen sich für die Ruhe zu bedanken. Obwohl es selten wirklich still im Wald war. Unsere Schritte verursachten knackende Geräusche von zerbrechenden Zweigen, das trockenstarre Laub raschelte. Wir hörten die kräftigen Rufe der Vögel, ihr Zwitschern, ihr Jubilieren. Sie spürten die nahende Wärme des kommenden Sommers. Wir hörten ihre Übermütigkeit und beobachteten ihre riskanten Flugmanöver. Wir lauschten den Melodien des Waldes, wunderten uns über das laute Hämmern des Spechtes und ließen uns von der guten Laune unserer Umgebung gern anstecken.

Wir waren länger als geplant im Wald. Das Zeitgefühl war uns irgendwie abhanden gekommen. Auch die Entfernung der Wegstrecke hatten wir falsch eingeschätzt. Wir waren zu langsam gegangen oder hatten zu viele Pausen gemacht. Es wurde zunehmend dunkler. Die jetzt tiefer stehende Sonne veränderte die Sicht. Die Schatten wurden länger, die Farben immer grauer und mit einem Mal war es dunkel. Statt der Sonne stand nun der Mond, umgeben von funkelnden Sternen über uns. Es war ein völlig anderes Erleben. Es wurde kühler, feuchter und ruhiger. Die Vögel schwiegen. Alle Geräusche, die wir verursachten, waren viel deutlicher zu hören. Unsere Schritte waren lauter, wir hörten die Kratzspuren an unseren Jacken, selbst unser Atem wurde hörbar. Und das Gesicht des Waldes veränderte sich radikal. Alles wurde schwarzgrau. Es sah so aus, als würde man an einem Fernseher zuerst die Farbe und dann ganz langsam die Helligkeit wegdrehen. Der Wald hatte sich zur Ruhe gelegt. Und wir störten nicht länger diesen Frieden, wir verließen ihn vorsichtig.

Wir schauten noch einmal zurück. Die Fichten und Kiefern wirkten jetzt düster. Die sich zukunftsfroh in den nächtlichen Himmel ragenden Lärchen schienen ermattet und kraftlos. Ihre Zweige wiegten sich müde und nachgiebig im schwachen Wind. Wir wussten, es war keine Niedergeschlagenheit. Es war nur ein Luftholen für den nächsten Tag.

Bevor wir den Wald verließen, umfassten wir uns. Auch wir holten noch einmal tief Luft. Der Wald war in uns.

Bernd Kühn, Jahrgang 1947, Göttingen

Der Wald in uns – das Buch

DIE AUTORINNEN UND AUTOREN

- **Herbert Dohlen**, Freiberuflicher Fotograf und Filmemacher, Geschäftsführer von GloboCut-Videoproduktion, Vorsitzender der Gesellschaft zur Förderung von Solidarität und Partnerschaft e.V., eh. Entwicklungshelfer (Dipl.-Ing. Forstwirtschaft) für den Deutschen Entwicklungsdienst in Chile sowie der Dominikanischen Republik, Projektleitung „Der Wald in uns"

- **Hermann Graf Hatzfeldt**, Master of Economics (M.A.), Forstwirt, größter Privatwaldbesitzer in Rheinland-Pfalz und Brandenburg, Autor, „Ökomanager des Jahres 1988", zahlreiche (inter)nationale Ehrenämter: u.a. bis 2007 Mitglied im deutschen „Rat für Nachhaltige Entwicklung" und Vorstandsvorsitzender des Forest Stewardship Councils (FSC) in Deutschland.

- **Markus Hirschmann**, Dipl.-Ing. Forstwirtschaft, Natur- und Wildnispädagoge, Naturtherapeut, bis Ende 2007 Leiter der Regionalen Bildungsstelle des Deutschen Entwicklungsdienstes (DED) in Göttingen, eh. Entwicklungshelfer für den Deutschen Entwicklungsdienst in The Gambia, Vortrags- und Lehrtätigkeit, Autor, Projektleitung „Der Wald in uns"

- **Daniela lütke Jüdefeld**, Lehrerin, Kunsterzieherin, Leiterin des von der eh. NRW Umweltministerin Bärbel Höhn in 2003 ausgezeichneten Projekts „Zukunft verkaufen" im Rahmen von „crossroads" – einem Projekt zur Bildung für nachhaltige Entwicklung, verantwortliche Projekt-Mitarbeiterin „Der Wald in uns"

- **Elisabeth Marie Mars**, Diplom-Pädagogin, Leiterin der Arbeitsstelle Weltbilder, Fachstelle für Interkulturelle Pädagogik und Globales Lernen, Mitglied Runder Tisch UN Dekade „Bildung für nachhaltige Entwicklung", Autorin zahlreicher Fachbücher, Kommunikationstrainerin, Vortrags- und Lehrtätigkeit, Bildungsberatung, Projektleitung „Der Wald in uns"

- **Weihbischof em. Friedrich Ostermann**, Leiter der Fachstelle Mission, Entwicklung, Frieden im Bischöflichen Generalvikariat in Münster, Vorsitzender und Diözesandirektor des Bonifatiuswerkes, Vorsitzender der Publizistischen Kommission der deutschen Bischofskonferenz

- **Wolfgang Peham**, Management Trainer, Gründer und Leiter der Natur- und Wildnisschule in Hannover, langjährige Tätigkeit als Flight Safety und Crew Ressource Manager, seit 1981 Wildnistouren in Kanada und Alaska, Ausbildung durch verschiedene deutsche, afrikanische und nordamerikanische Lehrer in Bezug auf Survival und Erdphilosophie, Autor

- **Dr. Rainer Putz**, Diplom-Biologe, Vorstandsmitglied des Regenwald-Instituts e.V., angewandte Projektarbeit zum Schutz der Regenwälder, Geschäftsführer Regenwaldladen, dreijähriger wissenschaftlicher Forschungsauftrag für Max-Planck-Gesellschaft am Amazonas, Vortrags- und Lehrtätigkeit

- **Dr. Wernher P. Sachon**, Psychotherapeut in eigener Praxis, Leiter der TherapieSchule Oberegg (Schule für Naturtherapie, existentialpsychologische Therapie und Intensivpädagogik), Gestalttherapeut, zahlreiche Zusatzausbildungen u.a. Wilderness-Therapy (USA), Lehrtherapeut, Supervisor, Fort- und Weiterbildner, Autor

- **Hubert Weinzierl**, Diplom-Forstwirt, bis 1998 Vorsitzender des BUND, zahlreiche Ehrenämter: u.a. Mitglied der deutschen Delegation am Erdgipfel in Rio 1992 und Nachhaltigkeitsgipfel in Johannesburg 2002, Vorsitzender des Kuratoriums der Deutschen Bundesstiftung Umwelt (DBU), seit 1964 Präsident Deutscher Naturschutzring e.V., Autor zahlreicher Fachbücher und Lyrikbände

IMPRESSUM

Projektleitung:
- Arbeitsstelle Weltbilder / weltwärts e. V., Elisabeth Marie Mars, Dipl. Päd.
- Deutscher Entwicklungsdienst, Regionale Bildungsstelle Göttingen, Markus Hirschmann, Dipl.-Ing. Forstwirtschaft
- Gesellschaft zur Förderung von Solidarität und Partnerschaft e. V., Herbert Dohlen, Filmemacher, Dipl.-Ing. Forstwirtschaft

 | |

Beteiligte Akteure:
- Marienschule, Bischöfliches Mädchengymnasium, Münster, verantwortlich: Daniela lütke Jüdefeld
- Waldschule Cappenberg
- Waldschule Münsterland
- Naturlandbetrieb lütke Jüdefeld, Münster
- Katholische Universitätskirche Münster
- Freie Altenarbeit Göttingen, Projekt: Zeit-Zeugen und Erzählcafé
- Niedersächsisches Forstliches Bildungszentrum, Münchehof
- Nordwestdeutsche Forstliche Versuchsanstalt, Göttingen
- Georg-Christoph-Lichtenberg Gesamtschule, Göttingen
- Geschwister-Scholl-Gesamtschule, Göttingen
- Stadtwald Göttingen
- Heimvolkshochschule Konrad-Martin-Haus, Bad Kösen

Alle Gemälde, Collagen und Zeichnungen stammen von Schülerinnen und Schülern der genannten Schulen.

Imagefilm zum Projekt und Filmbeiträge aus Medienworkshops:
Herbert Dohlen, Filmemacher

Herzlichen Dank an alle genannten und ungenannten Akteure sowie Autorinnen und Autoren für die engagierte und inspirierende Mitarbeit im Projekt – im Wald, fürs Buch, in den Schulen, bei der Ausstellung, vor der Kamera, beim Erzählen und während des Bäume-Pflanzens!

Gefördert wurde das Projekt aus Mitteln des Bundesministeriums für Bildung und Forschung / Bundesaktion Bürger initiieren Nachhaltigkeit und der Niedersächsischen Lottostiftung Bingo. Dafür unseren herzlichen Dank! Zudem danken wir für die Unterstützung vom Bistum Münster und Copy-Center CCC, Münster.

Website: *www.derwaldinuns.de*

Fotos: www.sxc.hu (S. 10, 19, 54, 67, 76, 80, 106, 123, 127), www.morguefile.com (S. 62), Bert Odenthal, Herbert Dohlen, Dr. Rainer Putz, Daniela lütke Jüdefeld, Pamela Jäger, Wolfgang Graf, Elisabeth Marie Mars, Ruth Scharnowski, Markus Hirschmann
Grafik-Design: www.bert-odenthal.de – Mitarbeit: Henning Labuch
Papier: Arctic Volume 150 g/qm (FSC zertifiziert)
Druck: Kessler Druck + Medien, Bobingen – www.kesslerdruck.de